GVIDE DV VOYAGE
DE FRANCE

Le
guide fidelle
des
etrangers dans le
voyage de france
par
c fleide de Saint maurice

a paris
ches estienne loyson

1672.

A MESSIEVRS
LES
ETRANGERS.

E n'ay pû refuser aux
instantes prieres de plu-
sieurs de mes Escoliers,
de donner au Public, en faveur
de Messieurs les Etrangers, un
Voyage de France qui fut mieux
digeré que celuy qui a paru depuis
quelques années, dont la plûpart
se sont tout-à-fait dégoûtez.
J'ay trop de complaisance pour
tous ceux qui me font l'honneur

ã

de ſe ſervir de moy, ſoit pour les Langues Françoiſe, Italienne & Eſpagnole, ſoit pour l'Hiſtoire, ſoit pour la Geographie & autres Parties des Mathematiques neceſſaires à un Gentilhomme, ſoit pour le Blazon, ſoit pour la compoſition des Lettres en François, pour diferer plus longtemps de mettre au jour mon Ouvrage. Apres avoir tenté diverſes voyes pour arriver heureuſement à mon deſſein, je n'ay point trouvé de methode plus claire, ny moins embarraſſante que celle que je tiens. D'abord je décris Paris, (parce que c'eſt le Lieu où tous les Etrangers viennent fondre) toutes les Maiſons Royales, & tous les Lieux de plaiſance qui ſont aux environs de cette belle

Ville. Ie fais suivre la Description de toutes les Routes que
Messieurs les Etrangers peuvent
tenir pour venir à Paris, & de
toutes les Villes qui sont sur les-
dites Routes. En suite je parle
du petit & du grand Tour, & de
tout ce qu'il y a de considerable
dans les Villes qui s'y rencontrent. Ie ne me contente pas de
toutes ces Descriptions, j'ay crû
que je ferois plaisir à Messieurs
les Etrangers de les informer
des Archeveschez, Eveschez,
Vniverfitez, Parlemens, & autres Cours Souveraines, Duchez
& Pairies. Ie leur donne de plus
le recit des trois Races de nos Roys,
avec leurs Devises, qui expliquent les actions les plus memo-
rables de leur Regne & de tous

AUX ETRANGERS.

les Officiers, tant de la Maiſon du Roy que Couronne de France. Enfin je clos mon Ouvrage par une exacte Deſcription de toutes les Provinces qui compoſent ce Royaume, des Villes & des Rivieres les plus conſiderables. Souvent Meſſieurs les Etrangers paſſent par des Lieux où il y a cent choſes remarquables ſur leſquelles ils ne font pas reflexion, pour n'en eſtre pas avertis. Ils trouveront donc bon, s'il leur plaiſt, que je les conduiſe, & que je leur ſerve de Guide dans leur Voyage.

TABLE DES MATIERES
contenuës dans cet Ouvrage.

Fin de la Table.

LE GVIDE
FIDELLE
DES ETRANGERS
DANS LE VOYAGE
DE FRANCE.

Es Etrangers qui paſſent en France pour en conſiderer les beautez, pour y apprendre la Langue, & pour y faire leurs Exercices, ſont ordinairement, ou Allemans, ſous leſquels je comprens les Polonois, les Danois & les Suedois : ou Hollandois, ou Anglois. Les Italiens & les Eſpagnols y viennent rarement, ils ſont trop amoureux de leur Nation, & ont trop peu de diſpoſition à l'Idiome du Païs pour y reüſſir.

Les Allemans entrent pour la pluſpart dans le Royaume par Straſbourg Ville de

A

la Baſſe Alſace, & de là par la Lorraine. Quelques-uns reontent juſques à Briſac, dans le Briſgau, & meſme juſqu'à Baſle dans la Suiſſe, & en ſuite paſſent par la Comté de Bourgogne, dite autrement Franche-Comté : Enfin les autres traverſent une partie de la Suiſſe, & pouſſent leur chemin juſqu'à Geneve, pour ſe laiſſer porter ſur les Eaux du Rhoſne juſqu'à Lyon.

Les Hollandois qui viennent en France par terre, ſe font ordinairement conduire à Cambray, & de la à Peronne Ville de Picardie ; mais ceux qui prennent la voye de la Mer, ſont contraints de ſe commettre au gré des Vents, ou à la commodité du Pilote qui les conduit.

Pour les Anglois, ils paſſent tous, ou de Douvres à Calais, Ville du Comté d'Oye, qui eſt une dépendance de la Picardie, ou de la Rye à Dieppe, qui eſt un Port de Mer dans la Normandie, & toutes ces trois Nations vont ordinairement fondre à

PARIS.

Le bruit que Paris fait dans toute l'Europe, cauſe la demangeaiſon & la curioſité que la pluſpart des Etrangers ont de voir cette belle Ville d'abord qu'ils arrivent en

France : Entrons-y avec eux, & preparons
les à voir une huitiéme Merveille, & l'A-
bregé du Monde. L'Empereur Sigifmond,
apres avoir traversé le Royaume de France, difoit : J'ay remarqué dans ce floriffant
Empire, un Monde, une Ville & un Village. Ce Monde eftoit Paris ; cette Ville,
Orleans ; & ce Village, Poitiers. De quelque cofté que l'on envifage Paris, tout y
eft illuftre, fa grandeur eft prodigieufe :
Le nombre des Eglifes, des Monafteres,
des Ponts, des Places publiques, des Fontaines, des Ruës, des Baftimens fuperbes
ou des Hoftels, des Portes & des Fauxbourgs, eft prefque incroyable : La quantité de Peuple qu'il y a, & qui y aborde
tous les jours de tous les endroits de l'Europe, la rendent la plus celebre & la plus
fameufe Ville du Monde, outre que c'eft
le Siege du premier & du plus augufte Parlement de France, & de plufieurs autres
Juftices Souveraines & Subalternes : Elle
eft encore le féjour ordinaire du Roy, des
Princes & des plus remarquables Seigneurs
du Royaume qui fuivent la Cour. Son
affiette fait que toutes chofes y font tranf-
portées à foifon ; & on y trouve tout ce
que l'on peut fouhaiter, foit pour la commodité, foit pour le delice de la vie : Il ne
faut que de l'argent, quoy que peut-eftre

il y en ait plus que dans toutes les autres
Villes de l'Eftat prifes enfemble.

On fait ordinairement trois Parties de
Paris ; fçavoir, la Cité, la Ville & l'Univerfité. On appelle Cité la vieille Ville,
qui eft comprife dans l'Ifle du Palais, que
la Seine forme entre les deux anciennes
Portes, où font le Grand & le Petit Chaftelet : Vous y pouvez voir l'Eglife Cathedrale de Noftre-Dame, baftie fur Pilotis,
& embellie par la liberalité de Philippes
Augufte. Il y a quarante-cinq Chapelles
tout autour, & fix Portes. Ses deux Tours
font d'une hauteur prodigieufe, dans l'une
defquelles il y a deux Cloches fi groffes qu'il
faut douze Hommes à chacune pour les
mettre en branle, & dont on entend le
fon à trois lieuës à l'entour ; plufieurs fe
donnent la peine d'y monter deffus, pour
voir tout à loifir & fans aucun obftacle
l'étenduë de Paris.

Dans la mefine Cité, ou Ifle du Palais,
on voit dans l'enclos du Temple de Themis, la Sainte Chapelle, fondée par Saint
Louis. Son architecture eft eftimée admirable ; fon vitrage a quelque-chofe de fi
particulier, que l'on n'a pas aujourd'huy
l'ufage ny la manufacture de cette forte
de vitre. Au deffous on y voit encore une
Chapelle qui eft la Paroiffe de l'enclos du

Palais. On tient que la Mufique de la
Sainte Chapelle a quelque chofe de plus
delicat que celle de Noftre-Dame, & il y
a à voir un Trefor fort curieux.

Il y a plufieurs autres Eglifes Parroif-
fiales, comme S. Barthelemy, qui eftoit la
Chapelle de Hugues Capet, Comte de
Paris, & premier Roy de la Troifiéme
Race. Les Roys portent le Titre de Premiers Parroiffiens de cette Eglife. La
Magdelaine, Sainte Geneviefve des Ar-
dans, où cette Vierge avoit accouftumé de
faire fes Prieres; S. Eloy, où font prefentement les Barnabites, & beaucoup d'autres.

Dans la mefme Cité, eft le Palais, où le
Parlement, la Chambre des Comptes, les
Requeftes de l'Hoftel, la Cour des Aydes
& la Cour des Monnoyes, rendent la Juftice : C'eftoit l'ancienne demeure de nos
Roys, & on y montre encore la Salle de
S. Louis. La Maifon du Premier Prefident
eft joignant le Palais, auquel elle communique par une Galerie. La Grande Salle
du Palais, eft l'une des plus belles du Monde, foit pour fa largeur, foit pour fa longueur, où on trouve toute forte de Marchands, de mefme que dans les Galeries
qui font à cofté & dans la Court du Palais,
où on trouve la Bource fous la Galerie
Dauphine, où les Marchands s'affemblent

pour conferer enſemble de leurs Affaires.
Entrons maintenant dans la Ville.

La Ville eſt d'une plus grande étenduë,
& c'eſt la partie Septentrionale de Paris
dont nous allons décrire les beautez. Vous
y pouvez remarquer l'Egliſe S. Germain
de l'Auxerrois, qui eſt la Parroiſſe du Louvre, fondée par Childebert, Fils de Clovis I.
On voit les repreſentations de ce Roy, &
de la Reyne Vultrogotte ſon Epouſe, ſur
le Portail : S. Euſtache , fort vaſte & ſpacieuſe : S. Nicolas des Champs, fondée
par le Roy Robert : S. Mederic : Les Innocens, demeure ordinaire des Juifs , que
Philippes Auguſte chaſſa hors de France:
S. Gervais, l'une des plus anciennes Egliſes de Paris : S. Jean en Gréve, où eſt le
Tombeau de Marie de Lorraine : S. Paul,
fondée ſous le Roy Dagobert. Il y a une
infinité d'autres Egliſes, tant Parroiſſiales
que Collegiales & Religieuſes , de l'un &
de l'autre Sexe, deſquelles nous ſortirons
avec reſpect, pour entrer dans ces beaux
Baſtimens qui font l'ornement de la Ville.

D'abord le Louvre ſe preſente à nos
yeux ; c'eſt la demeure des Roys de France
depuis Louis XII. Philippes Auguſte
donna les commencemens à ce ſuperbe
Edifice , tant pour y mettre ſes Titres &
Finances , que pour en faire un lieu de

seureté pour les Seigneurs de sa Cour qui
faisoient quelque faux pas. On fit le Desseing du Louvre, tel que nous le voyons
aujourd'huy : Sous François I. on le con-
tinua, en suite sous Henry II. & Charles IX.
Henry IV. le joignit par une grande Galerie, au Palais des Thuileries, que Catherine de Medicis fit bastir, dont l'Escalier
tournant en Limaçon & suspendu en l'air
sans aucun noyau. qui appuyât ou soûtint
ses marches, estoit l'un des plus beaux
Chefs-d'œuvres d'architecture, & l'une
des plus hardies Pieces de France ; mais il
a esté abbatu. Louis XIII. de Triomphante memoire, l'augmenta de quelque
chose ; & le Roy Louis Auguste, regnant
aujourd'huy glorieusement sur les François, y fait travailler avec tant d'assiduité,
que l'on se doit promettre l'achevement
de cet auguste Temple des Lys, en nos
jours. Joignant le Palais des Thuileries,
vous pouvez entrer dans le Jardin du
mesme nom, où vous trouverez tout riant
& fleury.

Proche le Louvre, on y voit dans la
Rue S. Honoré, le Palais Royal, basty par
le Cardinal Duc de Richelieu, qui le laissa
par Testament à Louis XIII. dont il estoit
le premier Ministre : Philippes de France,
Frere Unique du Roy, le possede à present.

Outre ces deux superbes Edifices, il y a dans la Ville, l'Hoſtel de Vendoſme dans la Rue S. Honoré, l'Hoſtel de Guyſe vers les Marais, l'Hoſtel de Lorraine , & pluſieurs autres ; comme ſont ceux de Nemours, de Chevreuſe , d'Eſpernon , de Souvré, de Schomberg , de Gramont, de Soiſſons, de Longueville , de Briſſac , de S. Paul, d'Angouléſme, d'Eſtrées, de Roquelaure, de Crequy, de Montmorency, de Lhoſpital, de S. Chamont, de Villeroy, d'Aumont, de Seneĉterre, & autres, dont vous pouvez voir les plus curieux.

I! y a encore à conſiderer dans la Ville, l'Hoſtel de Ville , ſcitué en la Place de Gréve , embelly par François I. & par François Miron, Lieutenant Civil & Prevoſt des Marchands, pendant ſa Magiſtrature. L'Arſenal baſty par Henry II. augmenté par Charles IX. & achevé par les ſoins de Monſieur de Roſny , Sur-Intendant & Grand Maiſtre de l'Artillerie. La Baſtille joignant la Porte S. Antoine, élevée par Hugues Aubriot, Prevoſt de Paris, pour ſervir de Rempart contre les Anglois: Aujourd'huy elle ſert de lieu de ſeureté pour les Priſonniers d'Eſtat. Le Grand Chaſtelet baſty par Julien l'Apoſtat Gouverneur des Gaules pour les Romains : Il s'en ſervoit comme d'une Fortereſſe, pour

y recevoir les Tributs du Royaume. Philippes Augufte qui le fit rétablir, le deftina
au fervice de la Juftice. „Le Petit Chaftelet qui fert aujourd'huy de Prifon, & qui
n'eftoit auparavant qu'une Tour, fut élevée par le mefme Hugues Aubriot dont
nous avons parlé, pour arrefter les courfes
des Efcoliers de l'Univerfité, qui entroient
fouvent & faifoient des defordres confiderables dans la Ville.

Il eft temps que nous en fortions, & que
nous paffions dans le Païs Latin, pour y
voir ce qui s'y paffe. L'Univerfité eft la
troifiéme partie de Paris, la plus Meri-
dionale & plus élevée; auffi eft-ce le He-
licon & le Parnaffe des Mufes. On y
compte cinquante-cinq Colleges, tant
Seculiers que Reguliers. Les principaux,
font la Maifon de Sorbonne, fondée par
Robert Sorbon, Valet de Chambre du
Roy S. Louis : le feu Cardinal Duc de Richelieu, Bienfaicteur & Provifeur de cette
Maifon, l'a mife en l'eftat auquel on
la voit aujourd'huy; fon Corps re-
pofe dans la Chapelle. La Maifon de
Navarre, autrement dite de Champagne,
fondée par Jeanne de Navarre, Comteffe
Palatine de Champagne, & Epoufe de
Philippes le Bel. Le College de Harcourt,
fondé par Raoul de Harcourt, Chanoine

de Paris, en faveur des pauvres Etudians
des quatre Diocezes, de Conſtance, de
Bayeux, d'Evreux & de Roüen : Il y en
a pluſieurs autres qu'il vous ſera permis de
viſiter, ſi l'envie vous en prend ; mais auparavant que d'abandonner ce charmant
ſéjour des Muſes, il faut que je vous aver-
tiſſe que l'on tient qu'anciennement le
College de Cluny, eſtoit la Maiſon de
Julien l'Apoſtat, Gouverneur des Gaules,
qui fut nommée la Tour, le Chaſteau, ou
le Palais des Thermes, c'eſt à dire des
Bains chauds & Etuves, dont on faiſoit
venir les eaux d'Arcueil par des Canaux
de plomb ſous terre.

D'autres diſent, conformément à ce qui
ſe trouve au Livre 2. de Julius Celſus,
de Bello Gallico, que Ceſar apres avoir rendu les Pariſiens tributaires des Romains,
fit baſtir en ce lieu la Tour ou Palais des
Thermes, où l'on alloit payer les Tributs
aux Termes preſcrits & ordonnez.

Les Egliſes les plus conſiderables de
l'Univerſité, ſont S. Severin, S. André des
Arcs, S. Benoiſt, S. Eſtienne des Grecs,
S. Eſtienne du Mont, & à coſté Sainte Ge-
neviefve, fondée par Clovis I. & baſtie à
l'endroit où ce pieux Monarque avoit ſon
Palais : On y void la Chaſſe de cette
Sainte, à laquelle on attribuë pluſieurs

Miracles ; & on ne la defcend jamais fans
une preſſante neceſſité publique. Lors
qu'un Pape fait ſon Entrée dans Paris,
comme il s'eſt veu quelquefois , l'Abbé de
Sainte Genevieſve ſeul , a l'avantage de le
recevoir par cette Porte murée qui répond
au Jardin, entre les Portes S. Marcel &
S. Jacques.

Je ne dis rien de l'Iſle Noſtre-Dame,
qui fait comme une quatriéme partie de
Paris, parce qu'il n'y a rien à conſiderer
que la beauté de ſes Baſtimens, qui ſont
expoſez à la venë de tout le monde.
Paſſons aux autres Particularitez qui ſont
remarquables.

Des Hofpitaux, Ponts, Fontaines, Places publiques & Portes de Paris.

Les Hoſpitaux qui ſe trouvent dans l'enceinte de Paris, ſont les Quinze-Vingts,
que S. Louis fonda dans la Ruë S. Honoré,
en memoire de cinq cens Chevaliers auſ-
quels les Infidelles creverent les yeux dans
la Guerre que ce pieux Monarque entreprit contre eux ; on n'y reçoit que des
Aveugles : Celuy de S. Iacques dans la
Ruë S. Denys, fondé par Charlemagne,
en faveur des Pelerins : L'Hoſtel-Dieu,
proche Noſtre-Dame, fondé par S. Louis,

& augmenté par la pieté & par la liberalité
d'Antoine du Prat, Chancelier de France,
& en suite Cardinal; ce sont des Religieuses qui prennent le soin des pauvres
Malades, avec un zele que j'ay souvent
admiré. Les Hospitaux de S. Gervais &
de Sainte Catherine, ont esté establis pour
les pauvres Estrangers, où ils sont logez &
couchez une nuit. Ceux des Enfans Rouges, de la Trinité, & du S. Esprit, ont esté
fondez pour élever & instruire les pauvres
Orphelins & pupilles de l'un & de l'autre
Sexe, jusques a ce qu'ils soient capables
de quelque Mestier, que l'on leur fait apprendre pour s'en pouvoir entretenir le
reste de leurs jours. Il y a d'autres Hospitaux dans les Fauxbourgs, dont nous
parlerons ensuite.

Les Ponts les plus considerables de Paris, sont le Pont-Neuf, & le grand Pont
Nostre-Dame. Celuy-là fut commencé
par la Reyne Catherine de Medicis & par
le Roy Henry III. son Fils, qui y mit la
premiere Pierre. Henry IV. l'acheva, &
l'on y voit sa Statuë de Bronze, posée sur
un magnifique pied-d'estal de Marbre
blanc, dont les quatre Tables representent
ses Batailles & ses Victoires. Celuy-cy
qui n'estoit que de bois, fut fait de pierre
l'an 1507. Jean Jucundus-Cordelier, Ve-

rounois, en fit le Desseing; & l'on voit en l'une de ses Arches ce Distique gravé à son honneur.

Iucundus geminos posuit tibi sequana Pontes,
Hunc tu jure potes dicere Pontificem.

Les Figures de tous les Roys de France, depuis Pharamond, jusqu'à Louis XIV. aujourd'huy regnant, qui sont des deux costez du Pont à plate peinture, en font un bel ornement. Les autres sont le Petit-Pont Nostre-Dame, le Pont S. Michel, & le Pont au Change, duquel il y a une communication au Grand Pont Nostre-Dame par le Quay de Gesvres. Dans l'Isle d'un costé il y a le Pont de la Tournelle, qui va aboutir à l'Université vers la Porte de S. Bernard, & de l'autre le Pont Marie, du costé de l'Arsenal: Il y en a un troisiéme de bois, qui communique de l'Isle Nostre-Dame dans celle du Palais, que l'on appelle le Pont au Double, à cause qu'il en faut payer un, quand on y passe, de mesme que sur le petit Pont de l'Hostel-Dieu, qui communique du Cloistre Nostre-Dame dans l'Université. Le Pont Rouge est aussi basty de bois, qui communique du Faux-bourg S. Germain au gros Pavillon des Thuilleries; il y en a qui le nomment de ce Nom.

Les soins de feu Monsieur Miron , dont nous avons parlé , ont embelly Paris de plusieurs Fontaines, qui se répandent par toute la Ville. On y voit celles du Palais, du Ponceau, des Halles, de la Reyne, de S. Lazare, de la Croix du Tiroir, de Sainte Catherine, des Filles Repenties, des Filles Dieu, du Palais des Thuilleries , & autres, sans y comprendre les particulieres qui se trouvent dans la pluspart des Hostels des Princes & grands Seigneurs.

Pour les Places publiques, la plus considerable est la Place Royale, en la Ruë S. Antoine , au milieu de laquelle est la Statuë de Bronze du feu Roy Louis XIII. de Triomphante memoire , sur un magnifique pied-d'estal. Les autres sont le Cimetiere S. Jean , où l'on tient le Marché les Mercredis & Samedis. Au devant de l'Hostel de Ville est la Place de Gréve, qui est ordinairement destinée pour le Suplice des Criminels condamnez à la mort. La Place du Marché-Neuf est entre le Palais & Nostre-Dame ; On y voit une Horloge d'une structure admirable, laquelle imite en quelque façon celle de Strasbourg. Proche le Pont Neuf est la Place Dauphine , bastie par la Communauté des Orphevres. Au bout du Pont S. Michel il y en a encore une dont on se

fert de Marché les Mercredis & Samedis.
Et dans l'Univerſité ſe remarque la Place
Maubert, qui ſert auſſi de Marché pour
toutes ſortes de denrées : Pour la Place de
Sorbonne, elle eſt conſacrée aux Muſes;
Mais de toutes les Places publiques de
Paris où le Marché ſe tient, il n'y en a
point de plus conſiderable que les Halles,
entre S. Euſtache & S. Innocent : On y
trouve tout ce que l'air, la terre, la Mer,
les Rivieres, les Vergers, les Parterres &
les Jardins ont de plus rare & de plus
beau; auſſi dit-on communément que les
Halles ſont le plus beau Jardin & le plus
rare Parterre de la France. Dans les
Halles, on y comprend la petite & grande
Friperie, la Lingerie & la Cordonnerie,
avec une infinité de Marchands qui ſont
ſous les Pilliers.

Les Portes de Paris ſont les Portes de
S. Antoine, du Temple, de Saint Martin,
de S. Denys, de Montmartre, de Richelieu, de S. Honoré de la Conference,
Dauphine, de Baſſy, de S. Germain,
de S. Michel, de S. Jacques, de Saint
Marcel, de S. Victor, & de S. Bernard,
ou de la Tournelle, à laquelle tient une
Priſon, où ſont gardez les Criminels
qui ſont condamnez aux Galeres. Voila
toutes les Portes qui environnent Paris,

d'où il eſt temps de ſortir pendant qu'elles
ſont cuvertes, pour entrer dans les Fauxbourgs.

Fauxbourgs de Paris.

Il n'y a preſque point de Porte à Paris,
qui ne ſoit accompagnée d'un Fauxbourg.
Le plus conſiderable eſt le Fauxbourg
S. Germain, qui égale en grandeur, &
dans la magnificence des Baſtimens & des
Ruës, la plus belle Ville de France.

Il n'y a qu'une ſeule Parroiſſe appellée
S. Sulpice, dont l'Egliſe ſera une des plus
ſuperbes de Paris. Tout aupres il y a le
Seminaire, qui eſt un Baſtiment magnifique, où pluſieurs Preſtres Seculiers ſe re-
tirent pour y étudier, & s'exercer dans la
vie ſpirituelle.

L'Abbaye S. Germain eſt digne d'eſtre
veuë, de meſme que ſa Bibliotheque, où
en trouve des Livres fort anciens & des
Manuſcrits du temps des Apoſtres. Childebert Fils de Clovis I. dont on voit le
Tombeau derriere le grand Autel, en jetta
les fondemens : On y voit encore ceux de
Chilperic, Fils de Clotaire I. de Frede-
gonde ſa Femme, à coſté de celuy de Ber-
trude, Femme de Childebert & de Clotaire II. avec leurs Epitaphes.

L'Abbé

L'Abbé de S. Germain, qu'on nomme des Prez, eſt Seigneur de tout le Faux-bourg ; & on tient que la Maiſon Abba-tiale eſtoit le Temple de la Déeſſe Iſis, Tutelaire des Pariſiens, lors qu'ils vi-voient encore dans les tenebres de la Gen-tilité. Il y a encore pluſieurs autres Eg'i-ſes de Religieux.

L'Hoſpital de la Charité, fondé par Henry IV. en faveur des Gentils-hommes, Capitaines & Soldats eſtropiez ; c'eſt une des choſes des plus conſiderables du Faux-bourg. Ce grand Monarque inſtitua ce lieu à l'imitation de Piſiſtrat à Athenes, d'Auguſte à Rome, d'Agamennon en Gréce, ou plutoſt à celle du grand S. Louis, dont il eſtoit le digne rejetton, qui établit l'Hoſpital des Quinze-Vingts pour les rai-ſons que nous avons dites. Il y a encore les Petites-Maiſons, pour les pauvres Gens âgez de l'un & de l'autre Sexe, les La-dres, & les Inſenſez: Demeſme que les In-curables, qui eſt un Hoſpital celebre, fondé par le feu Cardinal de la Rochefoucault,

L'un des plus beaux ornemens de ce Fauxbonrg, eſt le Palais d'Orleans, aupa-ravant appellé Luxembourg, parce que l'Hoſtel du meſme nom y eſtoit. La Reyne Marie de Medicis l'a fait baſtir ſur le modele de celuy de Florence : Outre ce

Palais, il y a encore beaucoup d'autres
Edifices fort magnifiques, comme le Petit
Luxembourg, l'Hostel de Condé, l'Hostel
de Conti, l'Hostel des Ambassadeurs Ex-
traordinaires, l'Hostel de Ventadour, &
plusieurs belles Academies, où on montre
les Exercices propres à la Noblesse; La
Foire, dite de S. Germain, dont l'ouverture
se fait le lendemain de la Feste de la Chan-
deleur. On entre dans ce Fauxbourg par
cinq Portes, duquel il est temps de déloger
pour passer dans les autres.

Le Fauxbourg S. Antoine, qui est le chemin pour aller à Vincennes, a une fort
belle Abbaye de Filles de l'Ordre de Saint
Bernard. Joignant ce Fauxbourg est celuy
de Charonne, que le grand nombre de
Maisons Religieuses rend recommandable,
& au bout on trouve le Convent de Picpuce
de Religieux du Tiers Ordre de S. François,
où il y a de belles Grotes à considerer.

Le Fauxbourg S. Martin, qui est d'une
prodigieuse longueur, joüit du Privilege
d'une Foire qui s'y tient quinze jours durant, depuis la Feste de S. Laurens, & qui a
esté establie à l'instar de celle de S. Germain.

Le Fauxbourg S. Denys, qui est joignant
celuy de S. Martin, a le Prieuré Royal de
S. Lazare; donné aux Peres de la Mission.

Le Fauxbourg Montmartre aboutit à la

Montagne du mefme nom, qui eft habitée
par plus de fix-vingts Vierges de l'Ordre
de S. Benoiſt, fondées par Louis VI. & la
Reyne Adelhaïde ſa Femme : On y voit
la Grote dans laquelle S. Denys ſe retiroit;
& on tire de cette Montagne une ſi grande
quantité de Plaſtre, que de là eſt venu le
Proverbe, Qu'il y a plus de Montmartre
à Paris, que de Paris à Montmartre.

Le Fauxbourg S. Honoré eſt de fort petite étenduë, la plus grande partie ayant
eſté enfermée dans l'enclos de Paris, par
le feu Cardinal de Richelieu ; mais joignant on trouve la Ville-l'Eveſque & le
Roule, qui eſt le chemin pour aller à
S. Germain en Laye.

Le Fauxbourg S. Michel n'eſt conſiderable, que par la Maiſon des Chartreux,
qui eſt baſtie au lieu où il y avoit un Chaſteau Royal, appellé de Vauvert, inhabi-
table à cauſe des Spectres qui l'infectoient.
La Ruë où ces Religieux ſont, s'appelle
encore la Ruë d'Enfer, du Diable de Vauvert.

Le Fauxbourg S. Jacques a cette celebre Egliſe du Val de Grace, embellie par
la pieté & par la liberalité de feuë la Reyne
Anne d'Auſtriche. Celle des Carmelites
merite encore d'eſtre veuë. Tout ce Fauxbourg eſt ſuſpendu en l'air, à cauſe des

Carrieres, d'où on tire la pierre pour baftir, & on y peut entrer avec liberté.

Le Fauxbourg S. Marcel s'eft rendu recommandable par la teinture des Gobelins en Efcarlate, qui égale le luftre de celle de Londres. On y voit encore le Jardin Royal des Simples, dont il y en a quantité des plus rares & des plus curieux.

Le Fauxbourg S. Victor a l'Abbaye du mefme nom, fondée par Louis le Gros, dont la Bibliotheque eft l'une des plus celebres de toute l'Europe, foit pour la rareté, foit pour la quantité des Livres qui s'y trouvent, & principalement des Manufcrits. Il y a dans ce Fauxbourg plufieurs Hofpitaux & plufieurs Maifons Religieufes que l'on peut voir par maniere de divertiffement.

Voila à peu pres ce qu'il y a à confiderer de plus remarquable, foit dans la Ville, foit dans les Fauxbourgs de Paris, où il y a long-temps que nous nous promenons. Je crois que nous ne ferions pas mal de voir fes dehors, & de nous aller promener aux Lieux les plus confiderables qui font aux environs de la Ville. Commençons par Fontainebleau.

FONTAINEBLEAV.

Pour aller de Paris à Fontainebleau, on va
difner a Effone à fix lieuës de Paris, au Lyon
d'or ; il y a là auprès à voir une Maifon
baftie par feu M. Hincelin, dans laquelle
on trouve quantité de Curiofitez & de belles
Peintures : En fuite on pourfuit fon chemin, qui eft de huit lieuës de France, & on
peut s'aller repofer au Croiffant pour fe
délaffer un peu. François I. donna le commencement à cette Maifon ; Henry II. &
Charles IX. y firent quelques Décora-
tions ; mais Henry IV. luy donna la derniere perfection ; & Louis XIV. à prefent
regnant l'a beaucoup embellie, & principalement de ce beau Canal, que les Naya-
des femblent avoir formé pour y faire leur
féjour. Il y a une infinité de belles chofes
à confiderer, dont je me contenteray de
décrire les plus confiderables : Je ne fça-
che point d'avoir veu une plus magnifique
Maifon, ny en Italie, ny en Angleterre,
ny dans les Païs Bas, ny dans toute l'Allemagne. Ce qui fe prefente d'abord à
confiderer, eft le Jardin de la Reyne, où fe
voit une tres-belle Fontaine, avec deux
Jeux de Pauline, dont l'un eft couvert &
l'autre découvert, pour le divertiffement

du Roy & des Seigneurs qui font à la
Cour : De là on paſſe à la Voliere longue
de deux cens ſoixante & dix pas, où il y a
une infinité d'Oyſeaux : En ſuite on va
voir la Galerie des Cerfs, où la Chaſſe du
Cerf, du Loup & du Sanglier, eſt admirablement bien repreſentée : De tous les
deux coſtez on voit des Bois de Cerfs qui la
parent, & la veuë ſe peut divertir à y conſiderer le Plan des Chaſteaux de Fontainebleau, de S. Germain, de Villercoterets, de
Chambort, de Monceaux, de Verneüil, de
Madrid, du Louvre, de Compiegne, du Bois
de Vincennes, d'Amboiſe, & d'autres Maiſons Royales. En ſortant de cette Gallerie,
on entre dans la Chambre du Conſeil, puis
dans la Chambre des Eſtuves, ſoit ſeches,
ſoit à ſe laver. Joignant cette Chambre,
on trouve une Chapelle que Henry II.
fit commencer, & que Henry IV. acheva.
D'icy on peut paſſer à la Chambre neuve,
où on voit Madame Gabrielle en façon de
Diane. En ſuite on trouve une grande
Galerie que l'on dit eſtre l'ouvrage de
Charles IX. & dont les feneſtres ſont embellies de pluſieurs Emblêmes tres-beaux;
au bout ſe voit le Siege & la Priſe d'A-
miens par Henry le Grand : En ſuite on
trouve la Chambre & le Cabinet de Madame Gabrielle, au ſortir de laquelle on

entre dans la petite Galerie de François I.
puis encore dans une autre ornée de Buſtes
de marbre; apres laquelle on trouve la
Chambre & le Cabinet du Roy, la Chambre & Antichambre de la Reyne , où naſ-
quit Louis XIII. & tout auſſi-toſt l'Antichambre du Roy. Il y a quatre fort belles
Salles à conſiderer; ſçavoir , la Salle des
Gardes, où les Victoires de Charles VII.
ſur les Anglois ſont repreſentées. La Salle
des Feſtins tres-magnifique, la Salle des
Bals fort grande & ſpacieuſe ; & enfin la
Salle de la Comedie, où on voit quantité
de curioſitez.

Sortons du Chaſteau pour nous aller
promener dans les Jardins, dont le premier
eſt le Jardin du Roy, embelly de quantité
de belles Statuës : En ſuite il y a le Jardin
de la Fontaine , où il y a une infinité de
belles Allées d'Arbres fruitiers ; le Jardin
des Pins , qui eſt d'une prodigieuſe grandeur ; le Jardin des Eſtangs , où il s'en
trouve des plus beaux : Enfin le Jardin de
la Reyne, où ſe voit une infinité de Fleurs
de toute ſorte.

Les Courts , ſont la Court de la Fontaine, qui eſt tres-belle & tres-agreable,
la Court du Donjeon, où eſt l'Horloge ; la
Court des Officiers, où ils logent lors que
le Roy eſt à Fontainebleau ; & la Court

du Cheval Blanc, fait de plaſtre d'un arti-
tifice admirable.

VAVX.

D'icy on peut paſſer par Melun, pour
aller à Vaux le Vicomte, qui eſt une des
plus magnifiques Maiſons des environs de
Paris, pour l'embelliſſement de laquelle
il ſemble que Monſieur Foucquet Sur-
Intendant des Finances du Royaume, ait
forcé la Nature: L'Italie n'a rien de plus
admirable que les eaux qui ſe voyent icy,
& on ne perd pas ſon temps d'aller voir
cette Maiſon.

CONFLANS.

La Maiſon de Conflans eſt ſcituée à l'endroit où la Marne meſle ſes eaux avec celles
de la Seine, & c'eſt de là qu'elle tire ſon
nom. Les Chambres ſont ſuperbement
meublées, & ornées d'une infinité de belles
Cheminées & de rares Tableaux. Il y a
une Galerie dont la voûte eſt toute peinte
& dorée, & dont les coſtez ſont embellis
d'une infinité de Peintures travaillées en
Italie, qui repreſentent quantité de Roys
& de Princes, de Papes, d'Empereùrs, de
Generaux d'Armées, de Capitaines & de

Gens

Gens de Lettres. Les Jardins presentent
tout ce que l'on sçauroit souhaiter de plus
agreable à la veuë, au flairer & au goust;
mais ne touchons à rien, & sortons-en
promptement, de peur d'estre tentez.

LE BOIS DE VINCENNES.

Le Chasteau de Vincennes fut commencé par Philippes de Valois, & achevé par
Charles V. qui fit bastir la Sainte Chapelle,
deffervie par quinze Chanoines. Il ne reste
du vieux Bastiment, qu'une grosse Tour &
le Donjon, qui sert de seureté pour les
Princes & pour les Seigneurs qui man-
quent à leur devoir envers le Roy. Le
nouveau Bastiment a esté élevé par les soins
du feu Cardinal Mazarin. Le Parc est tres-
beau & d'une grande étenduë, dans lequel
on voit un Monastere de Peres Minimes,
que nous laisserons dans leur solitude, pour
aller considerer l'Abbaye de S. Denys.

S. DENYS.

L'Abbaye de S. Denys est l'ouvrage de
Dagobert I. onziéme Roy de France, dont
il fit couvrir l'Eglise d'argent pur. Ce qu'il
y a aujourd'huy de plus beau à considerer,
sont les Tombeaux de quantité de Roys.

qui y sont ensevelis ; car de tout temps ç'a esté leur Sepulture ordinaire . On y voit encore à costé de l'Eglise la Salle du Trefor, qui consiste en quantité de Reliques, & de plusieurs choses fort rares & fort curieuses, qui sont specifiées dans un petit Livre que l'on y vend, & que l'on peut acheter pour soulager sa memoire. Il y a dans le Monastere une fort belle Fontaine, & on y trouve de tous costez quantité de Statuës qui estoient les Idoles des anciens Gaulois; ce qui marque son ancienneté, sur laquelle nous ne nous étendrons point davantage.

S. GERMAIN.

La Maison Royale de S. Germain, comprend le vieux & le nouveau Chasteau. Charles V. jetta les fondemens du vieux; mais François I. luy donna sa derniere perfection : C'est un ouvrage tout basty de brique, & les Chambres au nombre de soixante-trois sont fort richement meublées.

Le Chasteau neuf reconnoist Henry IV. pour son Fondateur : Il y a à voir les Appartemens du Roy & de la Reyne , avec leurs Galeries toutes voutées & embellies de plusieurs Emblémes & de Peintures fort riches.

Les Grotes aufquelles on defcend du Chafteau neuf, par un double Efcalier de pierre, font le plus bel ornement de S.Germain, qui peut difputer de l'artifice de fes eaux, avec les lieux les plus achevez d'Italie. Il femble que l'Art fe foit épuifé à former tant de belles chofes qui s'y remarquent, & qu'il ait concouru avec la Nature pour l'embelliffement de S.Germain, dont l'affiette le rend tres-agreable, & luy fournit un air pur & fort fain: Si Fontainebleau a fes avantages fur S.Germain, S.Germain a les fiens fur Fontainebleau.

Les deux Chafteaux font feparez par une belle Plaine fort grande & fpacieufe toute couverte de gazon ; à cofté il y a un Parc fermé de murailles, dans lequel on trouve un fort beau Jeu de Mail, le long duquel il y a des Pavillons quarrez faits expres pour repofer, ou pour y loger les Spectateurs. Au deffous eft le lieu des Cerfs & des Oyfeaux les plus rares. Nous y pourrions confiderer beaucoup d'autres chofes fort curieufes, fi nous n'eftions appellez ailleurs.

VERSAILLES.

Le feu Roy Louis XIII. donna vogue à cette Maifon, à caufe de la commodité de la Chaffe ; mais Louis XIV. aujourd'huy

regnant heureufement fur la Monarchie
Françoife, l'a embellie autant que la peti-
teffe du lieu l'a pû permettre : Elle cede
fans doute en étenduë aux autres Maifons
Royales dont nous avons parlé ; mais non
pas en gentilleffe, ny dans les agrémens
que l'on peut defirer en une Maifon de
Campagne. Le Roy y va fouvent & s'y
plaift beaucoup ; ne troublons pas fes plai-
firs, & prenons le chemin de Ruel.

RVEL.

A regarder la Maifon de Ruel par les
apparences exterieures, on diroit que c'eft
une Maifon commune & ordinaire ; mais
fi vous y entrez dedans vous trouverez le
tout fi bien pratiqué, qu'il ne fe peut rien
voir de mieux. La difpofition que l'on y
remarque des Appartemens du Roy, & de
feu le Cardinal de Richelieu, avec toutes
leurs dépendances, eft un témoignage de la
fuffifance & de l'étenduë de l'Efprit de ce
grand Miniftre, qui de petites chofes en
faifoit de grandes, & qui fçavoit humilier
le fafte & l'orgueil, quand ils eftoient con-
traires aux interefts de la France. La Maifon eft accompagnée d'un fort beau Parc
fermé de murailles, où on trouve quantité
de jets d'eau d'un artifice admirable ; & fi

vous voulez avoir le plaifir de faire aller les
Cafcades , la diverfité du roulement des
eaux eft fi agreable, que je ne crois pas qu'il
faille épargner un efcu & fe priver d'un divertiffement fi charmant.

S. CLOU.

Ce lieu s'appelloit auparavant Nogent,
& changea fon nom en celuy de S. Clou,
par cette rencontre. Apres le partage des
Eftats de Clovis I. par fes Enfans , Clodo-
mir Roy d'Orleans ayant efté tué dans une
Bataille par Godemar , que les Bourguignons avoient reconnu pour leur Roy, à la
place de Sigifmond Fils de Gondebaud,
qu'il avoit fait jetter dans un Puits, & dont
il avoit envahy le Royaume, laiffa trois Fils,
qui demeurerent au pouvoir de Clotilde
leur Grand' Mere , & Femme de Clovis.
Ses trois Freres Childebert, Clotaire &
Theodoric, partagerent entr'eux le Royaume de Bourgogne, apres la mort de Godemar qui s'eftoit retiré en Affrique , fous la
protection des Vvendales, & pour n'eftre
pas troublez dans la poffeffion de cet eftat
retirerent adroitement les trois Fils de Clo-
domir des mains de Clotilde, vers laquell e
ils envoyerent en fuite, & luy firent pre-
fenter des Cifeaux & une Epée, pour luy

dire qu'elle avoit le choix de conferver la vie à ces trois innocens pupilles, & fouffrant que l'on les confina dans un Monaftere ; mais cette Princeffe ayant témoigné qu'elle ne feroit pas bien aife qu'ils époufaffent un Cloiftre, Clotaire maffacra les deux premiers en prefence de Childebert, & le troifiéme qui s'appelloit Clou, s'eftant échapé de fes mains fe fit Preftre, & fe retira à Nogent à deux lieuës de Paris, où il vefcut fi faintement, qu'il merita d'eftre mis au nombre des Saints, & laiffa fon illuftre Nom à cette Bourgade, où l'on voit la belle Maifon qui a efté donnée par le Roy, à Monfieur fon Frere Unique. Ce Prince y a fait toutes les Decorations poffibles; & la beauté des Jardins, des Allées, des Fontaines, des Grotes & des Cafcades, la rendent l'une des plus agreables & des plus delicieufes des environs de Paris.

Il s'en trouve beaucoup d'autres ; mais qui n'égalent pas celles dont je viens de faire la peinture : Comme S. Maur, Charenton ; l'Hofpital S. Louis, bafty par Henry IV. Madrid élevé par François I. Maifons, proche Saint Germain; Meudon, peu éloigné de S. Clou ; Gentilly; Bifeftre, qui fert aujourd'huy d'Hofpital General; Arcueil, ainfi dit des Arcs & des Aqueducs que les Romains y éleverent;

que Henry IV. & Marie de Medicis son
Epouse ont reparé, & que l'on entretient
aujourd'huy avec un grand soin, parce que
Paris en reçoit toute la commodité des eaux.

Comme nous n'avons rien dit de ce que
les Etrangers qui passent en France peuvent
voir dans le chemin, allant à Paris, il ne
sera pas hors de propos de leur donner quelques avis, afin que rien n'échape à leur curiosité. Nous commencerons donc par
ceux qui de Strasbourg vont à Paris.

Route de Strasbourg à Paris.

N A N C Y.

LEs Etrangers qui se rendent à Strasbourg pour aller à Paris, vont ordinairement passer à Nancy; C'est la Ville Capitale du Duché de Lorraine, qui passoit
pour une Ville imprenable, & pour la meilleure fortification de l'Europe, auparavant
que l'on eust démoly ses Remparts & ses
Bastions : Ce fut devant cette Ville fa-
meuse que Charles dernier Duc de la Maison de Bourgogne fut tué, dont la Fille
Marie unit les Dix-sept Provinces à la
Maison d'Austriche, par son Mariage avec
l'Empereur Maximilian. Elle est assise

pres de la Riviere de Marre, dans une
Plaine des plus agreable. On trouve dans
l'Eglise de S. George les Tombeaux des
Ducs, qui sont fort magnifiques. Le Palais des Ducs ne doit pas estre negligé : Il
y a plusieurs Peintures & Emblêmes à remarquer ; & parmy quantité de choses
rares & curieuses, on y voit une Statuë de
bois, dont tous les muscles du corps remuënt & sont cousus ensemble avec un artifice des plus admirable. Pour aller de
Strasbourg à Nancy, on passe par Saverne,
Siege de l'Evesque de Strasbourg, par Philisbourg premiere Place de Lorraine, par
Surberg, Blanckenburg, Luneville Place
bien fortifiée; & enfin par S. Nicolas à
deux lieuës de Nancy, où l'on trouve une
magnifique Eglise, qui a deux Tours, en
l'une desquelles on remarque la Devise du
feu Charles de Lorraine Cardinal, Evesque
de Mets, & Prieur de cette Eglise, qui dit
ainsi, *Te stante Virebo*. De Nancy pour
aller droit à Paris, on passe par Toul.

TOVL.

C'est une Ville Episcopale sous la Domination du Roy de France, depuis que
Henry II. s'en saisit en l'an 1552. avec Mets
& Verdun, par la sage conduite du Con-

neftable de Montmorency, qui conduifoit l'Armée & s'en rendit maiftre. L'Eglife eft fort belle, en laquelle on voit le Tombeau de S. Bernard. D'icy on paffe par Bar-le-Duc, Capitale du Duché de Bar, ou Barrois, où il fe travaille de tres-belles Gardes d'épées.

CHALONS.

C'eft une Ville de Champagne, affife fur la Riviere de Marne; auffi dit-on ordinairement Chalons fur Marne, pour la diftinguer de Chalons fur Saone, en Bourgogne. Son Evefque porte le titre de Comte & de Pair de France. La Ville eft fort grande, ornée de plufieurs belles Tours élevées en pyramides. Le trafic des Bleds, des Toiles & des Draps la rend fort accommodée; mais ce qui la rend plus confiderable, eft la défaite d'Attila Roy des Huns dans fes Plaines, par Ætius, Lieutenant dans les Gaules pour les Romains, fecondé des armes de Meroüée, troifiéme Roy des François, lequel ayant fixé fa demeure à Paris, & donné le nom de France aux Gaules, pouffa fes Conqueftes bien avant fur la Riviere de Loire, & laiffa fon Nom glorieux à la premiere Race des Roys de France, que l'on appelle Meroüingiens. De Chalons on se laisse aller au coulant de la Marne, on passe à Espernay, où se voit le magnifique Tombeau du Mareschal Strozzi, que M.de Voiture trouva si beau, que peu s'en fallut qu'il ne s'y fit ensevelir tout vif, ainsi qu'il le rapporte luy-mesme dans une de ses Lettres; On passe par le Duché de Chasteauthierry.

MEAVX.

Meaux n'est considerable que par son assiette, & par le titre d'Evesché & de Capitale de la Brie. petite Province de France, dépendante de la Champagne; mais à deux lieuë d'icy on y voit la Maison Royale de Monceaux, que la Reyne Catherine de Medicis, & le Roy Henry IV. ont embelly de Jardins, de Parcs, & de Viviers qui la rendent tres-agreable, & digne de la curiosité des Etrangers, qui peuvent d'icy aller commodément coucher à Paris.

Autre Route de Nancy à Paris.

LEs plus Curieux n'aiment pas toûjours de suivre le droit chemin, souvent ils aiment mieux dépenser davantage & voir aussi davantage de Pays. Ceux qui sont

dans ce fentiment vont fur la Mofelle, de
Nancy à Pont-à-Mouffon.

PONT-A-MOVSSON.

L'affiette de cette Ville qui tire fon nom
du Pont fur lequel on y paffe la Mofelle,
& d'une Montagne voifine, appellée
Mouffon, eft fort agreable, la Mofelle la
divife en deux parties qui fe joignent par le
Pont. Son Univerfité la rend fort celebre
& digne de la curiofité de Meffieurs les
Etrangers qui peuvent fuivre le coulant de
la Mofelle, pour fe rendre à Mets.

METS.

Gregoire de Tours appelle cette Ville,
Vrbs Metenfis & Civitas Mediomatricum,
pource qu'elle eft fcituée entre trois Villes
confiderables, Toul, Verdun & Treves:
Elle eft Capitale du Pays Meffin, & autrefois elle eftoit Metropolitaine du Royaume d'Auftrafie, qui comprenoit toute la
Lorraine, & dont Thierry Fils naturel de
Clovis I. fut premier Roy, lors que la
France fut divifée en Thetrarchies: En fuite
elle devint Ville Capitale, & Henry II.
comme nous avons déja dit, l'enleva à
Charles-Quint, qui trouva icy les bornes

de ſes Victoires & de ſes Conqueſtes ; car
il fut obligé de lever le Siege de devant la
Ville. Dans l'Egliſe Cathedrale de Saint
Eſtienne, qui eſt fort magnifique, on y voit
un Beneſtier fait de Porphyre de couleur
rouge, long de plus de dix pieds. La Citadelle eſt compoſée de quatre Baſtions, &
defenduë par de bons foſſez, où l'on fait
entrer la Moſelle en levant une Ecluſe. Il
y a un Parlement qui fait le dixiéme de
France, auquel reſſortiſſent le Pays Meſſin
& toute la Lorraine. De Mets on peut
aller à Verdun, Ville Epiſcopale, belle,
riche, & la deuxiéme du Pays Meſſin, pour
ſe laiſſer porter ſur la Meuſe, à Stenay,
Mouzon & Malines, toutes Villes bien
fortifiées.

SEDAN.

C'eſt une des meilleures Places de l'Europe, que la Nature & l'Art ont rendu tres-
forte & tres-conſiderable. Le Chaſteau eſt
d'une aſſiette fort avantageuſe, & les Foſſez ſont taillez dans le Rocher. Il y a une
Academie qui eſtoit entretenuë par feu
Monſieur le Duc de Boüillon, auparavant
que la Ville fut entre les mains du Roy.
On peut voir en paſſant Charles-Ville,
baſtie par le feu Duc de Mantouë & de Ne-

vers, & paſſer par Rethel, Capitale du Duché de Rhetelois, qui appartient au meſme
Duc.

RHEIMS.

C'eſt aujourd'huy la Ville Capitale de la
Champagne, & l'une des plus anciennes de
la Gaule Belgique, que Ceſar appelle dans
ſes Commentaires, *Burocortorum Rhemonem.*
L'Egliſe Cathedrale s'appelle N. Dame,
dont le Portail paſſe pour un miracle du
monde ; auſſi dit-on communément, Portail de Rheims. Clovis I. y fut baptiſé par
S. Remy, & les Roys de France ont accouſtumé d'y eſtre ſacrez de cette Huile Ce-
leſte apportée miraculeuſement du Ciel par
un Ange en forme de Colombe, tenant en
ſon bec une Ampoule pleine de cette ſacrée
liqueur, qu'elle offrit à S. Remy, laquelle
eſt ſoigneuſement gardée dans l'Egliſe Ab-
batiale de S. Remy : On la montre facile-
ment aux Etrangers, leſquels par meſme
moyen peuvent voir les douze Pairs de
France, gravez ſur le marbre, reveſtus de
leurs habits de Ceremonie, à l'entour d'un
petit Coffre, & les Tombeaux de quelques
Princes & Seigneurs.

L'Archeveſque de Rheims qui a le privilege de ſacrer les Roys de France, joüit
du titre de premier Duc & Pair Eccleſiaſti-

que. Charles de Lorraine, Cardinal &
l'un de ſes Archeveſques, y a fondé une
Univerſité avec pluſieurs beaux Privileges,
confirmez par le Pape Paul III. ſous le bon
plaiſir du Roy Henry II. Il s'eſt tenu pluſieurs Conciles à Rheims, dont le dernier
fut ſous Eugene III. où il preſida, contre
l'Hereſie de Gilbert Porretan Eveſque de
Poitiers, auquel S. Bernard aſſiſta.

C'eſt une Ville dont les Baſtimens ſont
fort magnifiques, & qui eſt embellie de
pluſieurs belles Tours. Tout contre la
Ville on voit un lieu qui conſerve encore
aujourd'huy le nom de Fort de Ceſar, qui
eſt une marque illuſtre de ſon antiquité.
Comme nous n'avons pas le deſſein de luy
diſputer, gagnons Pays, & laiſſant pluſieurs
petites Villes & Bourgs que l'on trouve en
chemin, rendons nous à Meaux, pour nous
aller repoſer à Paris.

Route de Briſac & de Baſle à Paris.

LEs Etrangers qui pouſſent leur chemin
juſques à Briſac ou à Baſle, pour aller
à Paris, peuvent en paſſant voir la Fortereſſe de Montbeliard, & ſe mettre une
bonne partie du chemin ſur les eaux du
Doux pour ſe laiſſer porter à Beſançon.

BESANCON.

C'eſt une Ville Imperiale qui eſt honorée
du Titre d'Archeveſché, aſſiſe ſur le Doux,
dans le Comté de Bourgogne, que l'on appelle vulgairement la Franche-Comté, à
cauſe de ſes privileges & immunitez. On
appelloit anciennement cette Ville *chryſo-*
polis ; & Ceſar nomme en ſes Commentaires les peuples de ce Païs, *sequani*. Elle
eſt aſſez agreable, & les Etrangers y font
ſouvent leur ſejour, pour donner commencement à leurs Exercices. Il y a un fort bon
Ecuyer ; & les Profeſſeurs des Langues, les
Maiſtres d'Armes & à Dancer, n'y man-
quent pas. S. Eſtienne eſt l'Egliſe principale, où l'on voit le Saint Suaire de Noſtre
Seigneur, que l'on porte avec grande ceré-
monie à la Proceſſion de la Feſte-Dieu.
L'Hoſtel de Ville y eſt à remarquer, par ſa
magnificence & par ſa grande étenduë, car
il contient en ſon enclos l'Arſenal, le Lieu
où on rend la Juſtice, avec toutes ſes dépendances, & les Halles, avec de tres-
beaux Greniers où on met le Blé. Les ſix
Fontaines qui diſtribuënt leurs eaux à toute
la Ville, & qui luy ſervent d'un tres-bel
ornement, meritent la curioſité des Etrangers, dont la veuë peut eſtre recreée par la

diverſité des Figures & des Statuës de
bronze qui y ſont élevées. L'Hoſtel du
Comte de Carte-Croix, accompagné d'un
magnifique Jardin, ne doit pas eſtre negligé;
& moins encore celuy de Granvelle, dont il
y a eü un Cardinal de ce nom, ſous Philippe II. Roy d'Eſpagne. On y remarque
quantité de Statuës fort rares, en marbre &
en bronze, ſoit des Dieux de la Gentilité,
ſoit des Déeſſes & des Nymphes, ſoit de
pluſieurs Empereurs. Il y a encore quantité de Peintures faites les unes de Michel-
Ange, & les autres de Raphael d'Urbin.
La Biblioteque eſt remplie de Livres fort
exquis, & principalement de manuſcrits,
dont il y a grande quantité.

Les dehors de la Ville ſont fort agreables,
remplis de fort beaux Jardins, & de quantité de Vignes, dont le ſuc eſt des plus délicieux. Dans le ſejour que j'y fis, je m'y di-
vertis auſſi bien qu'en lieu de France. Ceux
qui aiment la compagnie, s'y peuvent ſatisfaire à merveilles, car le monde y eſt fort
ſociable, & ne tient rien de l'auſterité Eſpagnole. On y vit à la Françoiſe, & les
Etrangers n'y ſont pas haïs des Dames, que
j'eus peine de quitter, pour monter ſur un
Vaiſſeau, & me laiſſer conduire ſur le Doux.

DOLE.

DOLE.

C'eſt la Ville Capitale de la Province, qui entra dans la Maiſon de Bourgogne, par le mariage de Marguerite, Fille unique de Louis Comte de Flandres & de Bourgogne, avec Philippes le Hardy Duc de Bourgogne: De meſme que les dix-ſept Provinces ont eſté unies à celle d'Auſtriche, par le mariage de Marie Fille unique de Charles Duc de Bourgogne, qui fut tué au Siege de Nancy, avec l'Empereur Maximilien.

L'Egliſe de N. Dame, & le College de S. Hieroſme, avec les autres Ecoles publiques, qui ont toutes leurs Biblioteques, meritent la viſite des Etrangers. C'eſt une Univerſité, & le Parlement y tient ſes Seances pour la diſtribution de la Juſtice. Avant les dernieres guerres, la Ville eſtoit reveſtuë de ſept grands Baſtions de pierre. Je ne ſçay comme elle eſt preſentement. Charles-quint en avoit fait une Place de guerre ſi bien fortifiée, que les François ne l'ont jamais pû conquerir, juſques au regne de Louis XIV. à qui il n'eſt rien impoſſible: Mais ce pieux Monarque l'a remiſe par le dernier Traitté, entre les mains des Eſpagnols. La Place d'Armes qui ſert de Marché, eſt quarrée & fort grande. Il y a de

D

plus cinq Hospitaux fort beaux, d'où nous sortirons pour aller voir les dehors de la Ville.

On voit proche Dole l'Arc triomphal de l'Empereur Tybere, & un Rocher percé par Jules Cesar, lors qu'il faisoit la guerre aux Suisses. Je conseillerois volontiers les Etrangers d'aller de Dole jusques à Salins, pour y voir la fabrique du Sel qui se fait dans la grande Saulnerie, qui est un magnifique Bastiment qui sert à mettre les eaux salées, & à tirer, façonner, & conserver le Sel ; de mesme qu'à loger les Officiers qui sont commis à cet employ. D'icy on peut passer dans le Duché de Bourgogne, & aller à

CHALONS SVR SAONE.

Cesar en ses Commentaires, appelle cette Ville *Cabilonum*, dont il se servit de Magasin pour son Armée. Attila Roy des Huns la ruina ; mais Gontran Roy d'Orleans la releva, & en fit son Siege Royal. Louis le Debonnaire l'érigea en Comté, que Hugues IV. Duc de Bourgogne aequit sur les Evesques. On a tenu à Châlons deux ou trois Conciles, dont le premier assemblé sous Eugene I. abolit l'usage des Esclaves en France. La Citadelle fortifiée de quatre

Baſtions Royaux, merite d'eſtre conſiderée des Etrangers.

Hors la Ville on voit l'Abbaye de Saint Marcel, qui dépend de Cluny, dont les Clochers ſont baſtis à la Gothique. Apres en avoir conſideré la ſtructure, on ſe peut diſpoſer de partir pour aller voir

AVTVN.

L'ancienneté de cette Ville, dont Ceſar appelle les Peuples Heduens, & en parle comme des plus vaillans & des plus puiſ-ſans des Gaules, qui donnerent beaucoup d'affaires aux Romains, merite d'eſtre venë des Etrangers. Elle fut honorée toute la premiere du droict de Bourgeoiſie par les Romains. Auguſte la rétablit, ayant eſté ruinée par les guerres de ſon Oncle dans les Gaules : c'eſt pourquoy elle fut appellée *Auguſtodinum.* C'eſt un Eveſché : Mais ce qui la rend plus conſiderable, ſont les anti-quitez qui s'y trouvent encore tous les jours. Il n'eſt point de Ville en France où il y en ait en ſi grande quantité. Apres les avoir conſiderées en pluſieurs endroits, on peut prendre le chemin de

BEAVNE.

Les reſtes de quelques vieux Baſtimens

que l'on voit en cette Ville, font les marques irréprochables de fon ancienneté.
L'Empereur Aurelian l'augmenta beaucoup ; mais Rolin Chancelier de Philippes
le Bon, Duc de Bourgogne, y fit baftir un
Hofpital, dont la magnificence luy fert d'un
grand ornement. Il femble que ce foit plutoft une Maifon Royale, que non pas un
Lieu deftiné à recevoir les Pauvres : auffi
de tout temps, le Roy & le Duc de Bourgogne y ont leurs apartemens, qui font meu-
blez de toutes les chofes neceffaires. Toutes
les commoditez que l'on fçauroit defirer
pour un tel Lieu, s'y rencontrent fort avan-
tageufement. Le Chafteau bafty par Louis
XII. eft une piece affez recommandable.
Ceux qui aiment le bon Vin, en trouvent
icy des plus délicats.

On peut encore voir dans le Territoire
de Beaune, la fainte Solitude de Cifteaux,
dont S. Bernard eftoit Abbé. C'eft la fource
d'une infinité de Monafteres qui font établis prefque dans toute l'Europe. Il n'y a
que fept lieuës d'icy à

D I I O N.

C'eft la Ville Capitale de la Duché de
Bourgogne, que Louis XI. reünit à la Couronne de France. On tient que l'Empereur

Aurelian en a esté le Fondateur, ou plutost
son Restaurateur. Sa situation est belle &
agreable, dans une belle Campagne, arrosée
de deux Rivieres, Suson & l'Ouche. Il y a
un Parlement qui distribuë la Justice à toute
la Province. Les Peuples de cette Ville sont
extrémement jaloux de leurs privileges ; &
on m'a dit que quand le Roy y fait son Entrée, il jure sur les Saints Evangiles de les
garder & conserver, dans l'Eglise de S. Benigne, qu'on tient avoir esté son premier
Apostre. Le Maire de la Ville, lors qu'il est
éleu, fait le mesme. Il y a une bonne Citadelle, & les Estats de la Province s'y tiennent tous les trois ans. Outre l'Eglise de
S. Benigne, il y en a plusieurs autres, avec
cinq Hospitaux, & une Sainte Chapelle
fondée par Philippes le Bon, Duc de Bourgogne.

Hors la Ville on voit les Tombeaux des
Ducs, dans la Chartreuse, qui est tres-magnifique. Il y a encore le Fort de Talaut,
avec le Chasteau & Village de Fontaines,
honoré par la naissance de S. Bernard. Ceux
qui ne veulent pas faire un si grand tour,
peuvent se passer de voir Châlons, Autun,
& Beaune. De Dole ils peuvent aller à
Auxone, & puis à Dijon, & en suite entrer
dans la Champagne, & se mettre sur la Seine
à Chastillon, pour aller à

TROYES.

C'eſtoit l'ancienne demeure des Comtes,
& la Capitale de Champagne, qui fut reünie
à la Couronne de France, par le mariage de
Jeanne, Fille unique de Henry dernier
Comte, avec le Roy Philippes le Bel. Attila
Roy des Huns, y mit le ſiege, mais il fut
détourné de ſon entrepriſe par S. Loup ſon
Eveſque. Cette Ville eſt conſiderable par
cinq ou ſix Conciles qui s'y ſont tenus.
C'eſt un Eveſché dont l'Egliſe Cathedrale
eſt dediée à S. Pierre. Le trafic des Toilles
qui s'y fait, la rend fort riche & opulente.

Icy on ſe met ſur la Seine, & paſſant par
Montereau-faut-Yone, celebre par la mort
de Jean Duc de Bourgogne, Fils de Philippes le Hardy, que Charles Dauphin, Fils
de Charles VI. fit aſſaſſiner ſur le Pont par
un nommé Tanneguy du Chaſtel, pour ſe
vanger du meurtre commis en la perſonne
de Louis Duc d'Orleans, Frere de Charles
VI. par les ordres du Duc Iean de Bourgogne, Oncle dudit Roy Charles VI.

De Montereau on paſſe par Melun &
Corbeil, & enfin on ſe rend à Paris.

Autre Route de Dijon.

ON peut prendre encore une autre Route de Dijon à Paris ; car au lieu d'aller à Troyes on peut se rendre par la Riviere d'Yone à

AVXERRE.

C'est une ancienne Ville dans le Territoire de Sens. Elle joüit du titre d'Evesché ; & quelques uns disent que Charlemagne l'érigea en Comté : d'autres disent que ce fut Philipes Auguste. Antonin l'appelle *Antissiodorum*. Elle est située en un terroir extrémement fertile en Blez & en Vins, dont la délicatesse les rend celebres dans toute la France. Si on ne veut pas prendre la commodité de la Riviere d'Yone, on peut prendre la poste aux Asnes pour se rendre à

SENS.

C'est l'une des plus anciennes Villes des Gaules, assise sur la Riviere d'Yone, entre les Provinces de Brie, de Champagne, de Bourgogne, & le Gastinois. Ses Habitans furent des plus redoutables aux Romains ;

.car ayant paſſé les Alpes, & eſtans entrez en Italie, ils prirent Rome, & aſſiegerent le Capitcle. Brennus leur Chef, fit meſme baſtir une Ville dans le Duché de Spolete, qu'il nomma *senogalle*. Ceſar en ſes Commentaires, témoigne que ce furent eux qui s'oppoſerent le plus fortement à ſes conqueſtes. La Ville eſt belle & grande, qui joüit du titre d'Archeveſché, & qui conteſte à Lyon la Primatie des Gaules. Cependant que l'on vuidera ce different, on ſe peut mettre ſur la Riuiere pour aller à Montereau, & en ſuite ſe repoſer à Paris.

Route de Geneve à Paris.

LEs Allemans qui vont à Geneve pour ſe rendre à Paris, traverſent une bonne partie de la Suiſſe, avant que d'y arriver. Il y en a beaucoup qui s'y arreſtent pour y commencer leurs Exercices, principalement ceux de la Religion, qui ſe trouvent là dans ſon Fort. On va donc de Baſle à Soleure, un des Cantons des Suiſſes, & qui eſt ſur la Riviere d'Ar. C'eſt une Ville fort ancienne, où l'Ambaſſadeur de France fait ordinairement ſa reſidence dans un magnifique Palais qui s'y voit. D'icy on va à Berne, aſſiſe auſſi ſur l'Ar. On y peut voir ſon Temple,

fort

fort celebre, par la quantité de Drapeaux
qui y font pendus, & que les Suiffes ont
gagné en diverfes Batailles, & par la repre-
fentation du dernier Jugement qui eft gravé
fur fon Frontifpice. L'Hoftel de Ville, la
Chancelerie, & la Tour, fur laquelle on
voit une infcription qui inftruit du fujet du
baftiment de Berne, ne font pas à méprifer.
En fuite on paffe à Morat Ville affife fur le
Lac du mefme nom, qui eft confiderable
par la défaite de Charles dernier Duc de
Bourgogne, que les Suiffes battirent l'an
1476. dont on voit une infcription qui en
fait foy. De Berne on va à Fribourg, un
des Cantons Catholiques, qui eft une fort
belle Ville, d'où ceux de Berne ont chaffé
l'Evefque de Laufane qui y faifoit fa refi-
dence. Apres on paffe à Laufane, ou Lofane, affife fur le Lac du mefme nom, &
enfin à

GENEVE.

C'eft une Ville de Savoye, affife fur le
Lac du mefme nom, dit autrement Leman,
ou de Lofane. Elle eft fort ancienne, &
Iules Cefar s'en fervit de paffage pour aller
contre les Suiffes. Du temps de l'Empereur
Heliogabale, elle fut prefque toute reduite
en cendres ; & l'Empereur Aurelian l'ayant
fait rebaftir, elle a porté en fuite le nom

d'Aurelie. Elle a eu ses Comtes & ses Evesques, dont la mauvaise intelligence fit que
les Genevois appellerent le Comte de Savoye à leur secours, auquel l'Evesque accorda les mesmes droicts que le Comte legi-
time y avoit. Mais en suite ceux de Geneve
se voyant mal-traittez dudit Comte de Savoye, rappellerent l'ancien, que les Savoyars chasserent peu de temps apres, &
s'approprierent toute l'autorité & toute la
jurisdiction des Comtes de Geneve. Enfin
Amé Prince de Geneve, souffrant avec impatience de se voir inferieur à l'Evesque,
obtint de l'Empereur Charles IV. le titre de
Vicaire de l'Empire, pour en avoir le dessus.
Et Amé VIII. Neveu du premier, obtint du
Pape Martin la jurisdiction temporelle, dont
toutefois il n'a jamais esté en possession, non
plus que les Evesques, qui en furent chassez
sous le regne de François I. Les Calvinistes
possedent aujourd'huy toute l'autorité temporelle & spirituelle.

La Republique, qui est sous la protection
de la France, tient quelque chose de l'Estat
Aristocratique & Democratique tout ensemble, en ce que l'autorité supréme est dé-
voluë à quatre Syndics, dont la Charge ne
dure qu'un an. Ceux-cy sont pris du nombre de vingt-cinq Senateurs qui composent
le Conseil d'Estat, & qui exercent cette di-

gnité leur vie durant. Outre ces deux Colleges, il y en a encore deux autres, dont le premier est de soixante Hommes, & le dernier de deux cens. Ces trois derniers sont reglez de telle maniere, que si quelqu'un des vingt-cinq meurt, le plus ancien des soixante est mis en sa place, & de mesme le plus ancien des deux cens en la place de celuy-cy, qui a succedé à celle d'un des vingt-cinq; Et enfin on élit à la place de ce dernier, celuy du Peuple qui a le plus de suffrages. Le Peuple a droit de faire des Loix, de créer les quatre Syndics, de declarer la guerre, & de faire la paix, en quoy il paroist que l'Estat est Democratique.

La Ville est fort bien fortifiée, & s'est souvent defendue des incursions des Savoyars. La principale piece est celle que l'on appelle le Boulevard de l'Oye. Elle est divisée en deux parties, par une petite Isle que le Rosne y forme, laquelle communique aux deux Villes par deux Ponts qui les joignent à ladite Isle. On voit dans cette Isle une Tour fort ancienne, que l'on tient avoir esté bastie par Iules Cesar, & dont on se sert pour les munitions de guerre.

Outre ces deux Ponts, il y en a un troisiéme, qui communique de l'une à l'autre Ville. On trouve sur ces Ponts plusieurs Moulins, & beaucoup de Boutiques de toutes

fortes d'Artifans, & on fait fur le troifiéme
la Poudre à Canon.

Cette Ifle eft embellie de plufieurs belles
Maifons, parmy lefquelles on peut remarquer celle que l'on appelle le poids du Bled
& la Monnoye, avec fon Horloge.

Dans le Quartier bas de la plus grande
Ville, on voit deux belles Ruës couvertes,
où font les Orphevres, les Drapiers, &
autres Marchands. Les Maifons en general y font fort élevées, & bafties pour la
plufpart de pierre de taille.

Il y a trois beaux Temples, où les Calvi-
niftes font l'Exercice de leur Religion. Le
principal eft celuy de S. Pierre, où il y a à
remarquer quantité de belles infcriptions,
dont quelques-unes font voir que c'eftoit
autrefois un Temple d'Apollon; & l'Aigle
éployé ou à deux teftes, qui fe voit au dehors, eft une marque que c'eftoit une Ville
libre & Imperiale. Cette Eglife eft ornée
de quatre Tours ou Clochers fort exhauf-
fez, dont l'une fert d'Horloge, & l'autre
à placer les Sentinelles pour le Guet de la
nuit. Les deux autres font ceux de S. Germain & de S. Gervais en la plus petite Ville,
que l'on nomme communément le Fauxbourg S. Gervais.

L'Hoftel de Ville eft magnifiquement
bafty, & on y voit plufieurs curiofitez qui

meritent d'eftre confiderées. Les Infcriptions qui s'y remarquent, avertiffent de
plufieurs chofes arrivées à la Ville, & donnent de belles lumieres de ce qui s'y eft
paffé de plus confiderable.

L'Arfenal eft joignant l'Hoftel de Ville,
qui eft garny de toutes fortes de munitions
de guerre: On y voit les Drapeaux & les
Trophées que les Genevois ont remporté
en diverfes rencontres fur les Savoyards.

La Bibliotheque eft un des plus beaux
ornemens du College : Outre les Livres
rares qui s'y trouvent en quantité, il y a
une Bible traduite en François depuis plus
de quatre cens ans. Les Profeffeurs en He-
breu & en Grec, & és autres Sciences, y
ont leur logement, de mefme que les Re-
gens qui enfeignent les Humanitez.

L'Hofpital eft fur le bord du Rhofne
hors de la Ville. Le Baftiment eft un des
plus magnifiques qui fe voyent, & qui a
efté élevé avec des dépenfes immenfes.

Il y a encore à voir hors de la Ville les
Moulins qui font fur le Rhofne, avec une
Plate-forme fur une coline fort agreable,
de laquelle on void la Campagne, le Vigno-
ble & les Jardins qui font aux environs de
la Ville.

Voila à peu pres ce qu'il y a à confiderer
de plus remarquable dans Geneve, où plu-

fieurs Etrangers arreſtent quelque temps
pour y faire leurs Exercices, qui ſont aſſez
en vogue dans cette Ville : J'en ay veu
pluſieurs qui s'en loüent beaucoup, & qui
m'ont témoigné d'y avoir receu toute la
ſatisfaction poſſib'e, ſoit pour les penſions,
ſoit pour l'inſtruction, ſoit pour le divertiſſement; mais comme les Etrangers n'ont
point de domicile fixe, apres y avoir demeuré quelque temps, ils paſſent ordinairement ſur le Rhoſne, de Geneve à

LYON

Eſtoit autrefois une Ville unie à l'ancien Royaume de Bourgogne. Auparavant
la Gaule Celtique eſtant écheuë à Antoine
qui ſe ligua avec Auguſte & Lepidus contre
la liberté publique & y entra en triomphe
avec un Chariot attelé de Lyons ; il en fit
ſa demeure principale, & y fit battre Monnoye, laquelle avoit d'un coſté l'Effigie
d'Antoine, & de l'autre un Lyon, avec ce
mot, *Lugduni.*

La ſituation de la Ville eſt fort avantageuſe, ſur la rencontre du Rhoſne & de la
Saone. L'Empereur Probus permit à ceux
de Lyon de planter des Vignes, environ
l'an 280. ce qui fit que les Soldats trouvans
ce terroir propre pour le Vin, y planterent

ce bois tortu qui produit une liqueur si dé-
licieuse & si agreable à la pluspart des
Etrangers.

C'est une Ville fort ancienne ; & Tite-
Live parlant de la deuxiéme Guerre des
Romains contre les Carthaginois , environ
l'an 200. dit qu'Annibal arriva dans l'Isle
où la Saone & le Rhosne se ioignent. Cette
Isle a esté depuis appellée Lyon. Polybe &
Plutarque parlant de cette Ville, l'appellent
aussi l'Isle, à l'imitation de Tite-Live. Cesar la nomme *Civitas sequanorum*, parce
qu'elle estoit la plus florissante des Bourguignons, que le mesme Cesar appelle *se-*
quani, ce qui se peut remarquer d'une ancienne Inscription gravée sur l'une des murailles de l'Eglise de S. Pierre les Nonains.

Il y a une Inscription à Caiete, dans le
Royaume de Naples, qui marque que Lucius Munacius Plancus , qui florissoit à
Rome par son Eloquence, & qui fut Dis-
ciple de Ciceron, fut envoyé par le Senat
en France, pour y rebastir cette Ville où il
amena une Colonie, environ l'an apres la
Fondation de Rome 711. & de l'Empire
d'Auguste 2. & auparavant la Naissance de
Jesus-Christ 41. Plutarque croit que c'est
de ce Lucius qu'elle a esté appellée *Lugdu-*
num.

Cette Ville a souffert plusieurs calamitez

en divers temps. L'an 11. de l'Empire de
Neron, elle fut toute reduite en cendres en
une nuit, & Tacite remarque que cet Empereur donna un million d'or pour la re-
baſtir. Aurelius Verus y fit mourir quantité de Chreſtiens ſous ſon Empire; &
Septimus *Severus* fit paſſer au fil de l'épée,
Hommes, Femmes, & petits Enfans; ſi
bien que les Ruës & les Rivieres en furent
toutes teintes de ſang. L'an 350. les Allemans s'en emparerent & la mirent au pilla-
ge. En 435. ſous l'Empire de Theodoſe,
Attila Roy des Huns la ravagea, & en 725.
ſous Charles Martel les Goths & Sarraſins
en firent de meſme.

Il y a pluſieurs Autheurs qui aſſurent que
cette Ville a eu ſes Comtes particuliers, &
qu'en ſuite le Comté fut transferé à l'Egliſe
juſques à ce que Philippes le Bel l'euſt priſe
en ſa ſauvegarde dans les differens qu'il y
avoit entr'elle & l'Egliſe; mais enfin Louis
Hutin ſon Fils l'annexa à la Couronne de
France.

Entrons-y dedans, & conſiderons ſa principale Egliſe conſacrée à S. Jean, dont les
Chanoines portent tous le titre de Comtes.
Elle eſt enrichie des colomnes & des dé-
poüilles de l'ancien Temple d'Auguſte,
dont nous parlerons enſuite. Sur ſon ancienne Porte on voit quatre Lievres en re-

lief, qui ont chacun deux oreilles, & si on
n'y en sçauroit trouver que quatre. A costé
du Chœur il y a une Horloge qui marque
les heures, les jours, les mois, & les signes
de l'année, avec le cours du Soleil & de la
Lune. On y trouve plusieurs belles Inscriptions qui marquent son anciennété, avec
quantité de Drapeaux que le Connestable
de Lesdiguieres remporta sous le Regne de
Louis XIII. sur le Duc de Savoye. Le Roy
de France porte le Titre de premier Chanoine de S. Jean, qui n'est pas un petit honneur pour cette Eglise. Il y en a encore plusieurs autres, tant Collegiales que Paroif-
siales; On voit dans celle de S. Just un des
Enfans que le Roy Herode fit tuer dans la
Judée. Le Prieuré de S. Irenée est fort
ancien & magnifique, où on peut remarquer plusieurs belles Inscriptions qui font
foy de son ancienneté. Vis-à-vis la Porte
de l'Eglise il y a un Autel sur lequel on voit
une pierre que l'on dit estre une partie de la
Colomne à laquelle Nostre-Seigneur fut
attaché. Nostre-Dame de Forviere estoit
autrefois un Temple fort magnifique, dedié
à Vénus, aussi l'appelle-t'on *Forum Veneris*.
Tout aupres de la colline sur laquelle cette
Eglise est bastie, il y a une grande Vigne où
l'on voit les vieilles masures d'un Amphitheatre qui estoit proche la Maison du Gou-

verneur & le Palais d'Augufte. Pres de
cette Vigne il y a un vieux mur fort épais,
où l'on tient communément que le Veau
d'or qu'Augufte adoroit a efté enfevely.
L'Eglife de S Cofme, celle que Jean Duc
de Bourgogne y fir baftir, celles de S. Paul,
de S. Nifier, de Grezoy, de Sainte Eulalie,
de Sainte Croix & autres , meritent d'eftre
confiderées à caufe de leurs Infcriptions
anciennes que l'on y peut remarquer.

Il y a de plus quantité de Maifons Religieufes où on trouve de fort belles Antiquitez, principalement en celles des Minimes, des Carmelites, des Dames de Saint
Pierre, qui eft l'une des plus anciennes , où
l'on voit des Infcriptions qui meritent la
peine d'eftre regardées ; des Jacobins,
appellée Noftre-Dame de Confort , où eft
l'ancienne Sepulture des Allemans. L'Abbaye d'Aifnay, fondée par la Reyne Brune-
haut, eft le plus ancien Baftiment de Lyon,
où le magnifique Temple dedié à Augufte
eftoit bafty, comme témoigne Strabon au
Liv. 4. & on y voit de fort belles antiquitez.
Voyez Suetone, dans la Vie de Claudius.

Tout aupres de ce Temple il y avoit une
Academie baftie par les Romains, confacrée à Minerve, où les belles Lettres &
l'Eloquence floriffoient : Elle s'appelloit
Athaneum, & l'Abbaye baftie fur les ruines

de ce magnifique Temple, s'appelle encore
aujourd'huy en Latin, *Monasterium Atheno-
rense.* Voyez Suetone dans la Vie de Ca-
ligula.

Il ne faut pas oublier de remarquer cette
belle antiquité, vulgairement appellée le
Tombeau des deux Amans, ny l'Arc de
Triomphe sur lequel sont les Armes de
France.

Il y a dans Lyon trois Forteresses confiderables ; la premiere est celle de Pierre-
Ancise, située sur la croupe d'une haute
Montagne & fortifiée de fort bons remparts qui defendent l'entrée de la Ville,
Louis Duc de Milan y fut détenu prisonnier
par Louis XII. Roy de France ; la seconde
est celle de S. Sebastien, bastie aussi sur une
Montagne, & composée de trois Boule-
varts des plus considerables de l'Europe ; la
troisiéme est celle de S. Clair, située sur le
Rhosne.

Les deux Ponts & le Quay de Lyon meritent que l'on les considere avec attention
pour leur magnifique structure & pour les
Inscriptions que l'on y remarque : Pour les
Ruës elles sont fort étroites & fort sales.

On compte dans Lyon jusques à douze
Places publiques, dont les plus consilerables
bles sont celle de Belle-Cour, proche le
Pont du Rhosne, où sont le Mail, l'Escurie

du Gouverneur, & les Jeux de Paulme juſqu'au nombre de ving-cinq : Celle de Confort, où on voit une Pyramide élevée à
l'honneur de Henry IV Celle du Change,
que l'on appelle vulgairement la Bourſe, où
les Marchands s'aſſemblent pour traiter de
leurs affaires : Celle de la Croix Décolée,
ainſi appellée à cauſe d'une grande quantité
de Martirs qui y ont eſté ſupliciez.

La Maiſon du Roy merite que l'on y
entre, pour y conſiderer deux Tables d'ai-
rain, gravées en Caracteres Romains, ſur
leſquelles on dit que l'Edit de l'Empereur
Claudius, donné en faveur des Bourgeois
de Lyon, eſt décrit.

Il y a encore un endroit conſiderable à
Lyon, que l'on appelle l'Azyle de Lyon,
qui eſt un lieu de refuge pour les Criminels.
Au milieu de la Court on y voit une Pyramide & une Fontaine enfermée de grilles
de fer. On voit pluſieurs Inſcriptions ſur
les Portes de cet Edifice, que l'on peut remarquer.

D'icy vous pouvez paſſer au Jardin du
Gouverneur, l'un des plus agreables & des
plus delicieux. Il y a pluſieurs belles curioſitez à conſiderer, & qui augmentent le
divertiſſement de la promenade.

L'Arcenal, que l'on appelle vulgairement la Rigaudiere, n'eſt pas deſagreable à

confiderer, bien qu'il n'y ait bas du Canon
en quantité.

Au Carrefour de Fourbiere on trouve la
Maifon dite l'Antiquaille, où l'on voit une
Infcription fort ancienne ; & proche de là
eft la Grote-Barluc, qui eft un Baftiment
des Romains fous terre, que l'on croit avoir
efté leurs Bains.

Proche la Porte de Trions l'on voit des
Aqueducs, Ouvrage des Romains, divifez
en trois canaux, pour porter les eaux en divers endroits de la Ville.

L'Hofpital eft un des plus beaux ornemens de Lyon, qui peut difputer de la magnificence avec les plus celebres de toute la
France : La difpofition des Appartemens
y eft admirable pour toute forte de Malades ; mais quittons ce féjour affligeant,
pour aller prendre l'air hors la Ville.

Le premier endroit que l'on y rencontre,
eft l'Ifle-Barbe, dans laquelle on trouve
en l'Eglife Noftre-Dame, l'Epitaphe de
Longin, qui marque qu'il y eft enfevely.

A cent pas de la Ville, ou environ, on
trouve une Maifon, appellée la Duchere,
fituée fur une agreable coline, au pied de
laquelle la Saone paffe : On voit icy une fi
grande quantité de belles chofes, de Peintures, d'Emblêmes, d'Infcriptions, de Statuës, de Devifes & de Iardins, qu'il eft plus

facile de les confiderer que non pas de les
décrire; un jour entier ne fuffit pas pour les
bien remarquer.

Il y a un troifiéme lieu appellé la Claire,
où l'on peut s'aller promener, pour y confiderer une des plus belles Fontaines qui
foient en Europe : Tout y eft difpofé avec
tant d'artifice, que les yeux de ceux qui regardent tant de beautez a la fois font charmez.

D'icy il n'y a pas loin à aller pour en
trouver un quatriéme, que l'on appelle la
Gorge du Loup, où il fe voit encore une fort
belle Fontaine, pratiquée avec un artifice
merveilleux.

Plufieurs Etrangers charmez de tant de
belles chofes que l'on peut remarquer à
Lyon, y font un affez long féjour; outre que
c'eft la Ville de France, où l'on trouve plus
d'antiquitez, comme de Medailles, d'Infcriptions, de Sepulchres , de Theatres, de
Bains, d'Etuves, d'Aqueducs, de Temples,
de Statues, de Colomnes, d'Obelifques, de
Pyramides, de Tables, d'Urnes, de Lampes, de Marqueteries, & d'autres veftiges
de la venerable antiquité. Les Penfions y
font commodes , & les Exercices y font
avantageux pour tous les Etrangers, lefquels quittans Lyon, vont s'embarquer à
Roüane fur la Loire, pour fe laiffer porter
à Bourbon-Lancy, & enfuite à

MOVLINS.

C'eſt une ancienne Ville, aſſiſe ſur la Riviere d'Allier : Elle a toûjours eſté le ber-
ceau & les delices des anciens Princes de
Bourbon, qui y ont fait baſtir un ſuperbe
Palais, aſſorty d'un Parc & de Jardins, où
il y a de fort belles Fontaines, des Parterres
& des Orangers : On voit dans la Galerie
tous les Portraits des Ducs de Bourbon,
avec leur Genealogie.

Les Eaux de Bourbon ſont aſſez connuës
par tout, ſans qu'il ſoit neceſſaire d'en faire
une deſcription particuliere : Je diray ſeulement que proche le Fauxbourg de Bourgogne, il y a quantité de Sources Medecinales & Minerales qui ſentent le ſoulfre &
le vitriol : Il y a encore un Puits à fleur de
terre de pierre de taille, de figure ronde de
ſix à ſept pieds de diametre, dans lequel la
principale ſource eſt ramaſſée, dont les
eaux ſont propres à guerir les coliques . les
paraliſies, la retention d'urine, les inflam-
mations & douleurs d'eſtomach, les ppetits
deſpravez, les opilations, la jauniſſe, & autres maladies.

La Couſtellerie de Moulins eſt fort
eſtimée dans toute la France, & on recher-
che les Couteaux & les Ciſeaux qui y ſont

fabriquez avec grand empreſſement, à cauſe de leur trempe. D'icy on ſe laiſſe porter ſur les eaux de l'Allier qui ſe meſle avec la Loire à

NEVERS.

Ceſar au Livre 7. de ſes Commentaires, dit que Nevers eſtoit une des appartenances d'Authun, & cet Empereur s'en ſervoit de Magaſin. Cette Ville fut érigée en Comté ſous les Roys de la premiere Race. Charles VII. l'érigea en Pairie, ce que Louis XI. confirma en faveur de Jean de Bourgogne, Comte de Nevers. Enfin François I. l'érigea en Duché, en faveur de François de Cleves, Fils de Charles de Cleves & de Marie d'Albret, en conſideration des ſervices que Iean de Bourgogne, Duc de Brabant & Comte de Nemours, ayeul de Marie & Iean d'Albret Comte de Dreux & de Rethel, ſon Pere, rendirent à la France contre les Bourguignons, & de ceux que le meſme François rendit à la conqueſte du Piedmont.

Elle eſt ſituée ſur la Riviere de Loire, à l'embouchure de l'Allier. Pres de la grande Egliſe, on voit le Palais des anciens Comtes de Nevers, & dans la Cité des murailles tres-épaiſſes, d'où on peut inferer qu'autrefois cette Ville eſtoit tres-forte & d'une

bonne

bonne defence. Elle joüit aujourd'huy du titre d'Evefché, dont l'Eglife Cathedrale eft confacrée à S. Cyr.

L'Hoftel-Dieu y eft affez confiderable, pour meriter que l'on prenne la peine de le vifiter. Le Pont eft compofé de vingt Arches fort belles & d'une ftructure fort celebre. Il y a une fort belle Forterefle élevée à l'endroit où le Niévre mefle fes eaux avec celles de la Loire, qui fert de defence aux murailles de la Ville, qui font fortifiées de plufieurs groffes Tours & entourées de foffez d'une effroyable profondeur. Il faut paffer le Pont pour aller à

BOVRGES

Eft la Ville Capitale de Berry, dont Cefar appelle les Peuples *Bituriges cubi*, à la diftinction de ceux de Bordeaux, qu'il nomme *Bituriges vibifci*. Les divers Sieges que toute la Province a foutenus, tant contre les Romains, que contre les anciens Gaulois, marquent affez que fes Peuples ont toûjours efté fort belliqueux. Les Vvifigots la traitterent fort mal en fuite des Romains; mais Charlemagne contribua beaucoup à fon rétabliffement; & apres luy l'Abbé de S. Ambroife, natif de ce Pays, l'agrandit tellement qu'il la rendit une des plus grandes & des plus fortes Villes de France.

Pendant les Troubles des Maisons de Bourgogne & d'Orleans, le Roy Charles VI. alla mettre le siege devant cette Ville, où le party des Orleanois s'estoit fortifiée, & Charles VII. s'en servit de retraite, lors que les Anglois regnoient presque dans toute la France. Sous le Regne de Charles IX. le party Huguenot s'en rendit maistre; mais enfin elle fut reduite à l'obeissance de Sa Majesté.

Le Roy Jean érigea ce Pays en Duché & Pairie, en faveur de Iean son troisième Fils, ce qui fut confirmé par ses Successeurs Charles V. & Charles VI. Cette Ville qui fut autrefois le Siege de l'Empereur des Celtes, celuy des anciens Ducs de Berry, & la retraite de Charles VII. pendant que les Anglois estoient maistres presque de toute la France, est située dans une Plaine ceinte de marais de tous costez, & d'une petite Riviere.

Elle joüit du titre d'Archevesché, de Primat & de Patriarchat, dont l'Eglise Cathedrale est sous l'invocation de S. Estienne; sa voute sans pilliers est admirable dans son exhaltation, & la peinture de ses fenestres est estimée fort rare & fort exquise; ses maistresses murailles sont ornées de cinquante-neuf colomnes de pierre: On voit dans une Chappelle proche le Chœur, le Tombeau de Claude de la Chaftre, Mareſchal de France, qui a ſervy glorieuſement ſix Roys, ſçavoir Henry II. François II. Charles IX. Henry III. Henry IV. & Louis XIII.

Il y a de plus une Sainte Chapelle déſervie par des Chanoines, fondée par Iean Duc de Berry, Frere de Charles V. dit le Sage, lequel y fut enterré dans un Tombeau de marbre, l'an 1404. ſur lequel ſon Epitaphe eſt décrite en vieux caracteres. Ieanne de France Epouſe de Louiſe XII. y a eſté enterrée depuis luy. Il ne faut pas oublier le Treſor, dans lequel il y a de fort magnifiques Paremens & des Vaſes d'Egliſe : On y compte juſques à cinquante-cinq Chapes fort riches, dont il y en a une de velours toute couverte de Pierres fines, entrelaſſées d'Emeraudes, de Chriſolithes, de Saphirs & de Rubis : On y voit encore une Couronne d'or, embellie de quantité de Pierreries, dans laquelle il y a une Epine de celle de Noſtre Seigneur enchaſſée ; une Croix d'or enrichie d'une infinité de fort belles Pierres fines, avec une grande quantité d'autres curioſitez qu'il eſt plus facile de voir que de décrire, & qui meritent d'eſtre attentivement conſiderées. Les Chanoines de la Sainte Chapelle ont ce Privilege

d'avoir la Jurifdiction de la Ville pendant
quinze jours, vers la Fefte de la Pentecofte.

On voit dans l'Eglife de S. Pierre le
Pueillier, le Tombeau de ce fameux Jurif-
confulte Cujas, fur lequel fon Epitaphe eft
décrite en Vers Latins. Jeanne de France
Duchefle de Berry, fonda la Maifon des
Filles de l'Annonciade, & Charlemagne
celle des Filles de S. Laurens.

L'Hofpital eft l'un des plus beaux du
Royaume, pour la nourriture des Pauvres
& des Malades, dont on prend grand foin.

L'Univerfité fondée par S. Louis, eft fort
celebre, principalement pour le Droict.
Charles Duc de Berry & Frere de Louis XI.
obtint plufieurs beaux Privileges du Pape
Paul II. qui ont efté toûjours fort religieu-
fement maintenus jufqu'à prefent : Il y a
dans la Claffe de Droict plufieurs belles
Infcriptions à la memoire de Louis XIII.
& de plufieurs Jurifconfultes qui y ont
fleury & enfeigné; comme Alciat, Baldoüin, Cujas, Mercier, & autres, dont les
Effigies fe voyent dans le Iardin de Mercier,
qui eft un des plus beaux ornemens de
Bourges, de mefme que le magnifique Palais de Iacques Chœur, Treforier de Charles VII. Il y a fous le Palais des voutes
fouterraines, que l'on dit conduire à San
cerre, & à Dun-le-Roy, avec d'autres par-

ticularitez fort confiderables , comme un Cabinet qui eft toujours fermé, à caufe, dit-on, que les Armes de Charles VII. apportées de Turquie y font, & un Habit à la Turque qui eft fur l'Autel.

Il y a encore dans Bourges les Arenes, qui font une illuftre marque de quelque fuperbe Amphiteatre , & la Maifon des Allemans, dont plufieurs vont faire leur féjour dans cette Ville, à caufe des grands Privileges qu'il y a en faveur de la Nation. Il n'y a gueres de Ville en France dont les murailles foient reveftuës d'un fi grand nombre de Tours que celles de Bourges; on en compte 80. dont la plus groffe eft fi élevée que l'on découvre de deffus trois ou quatre lieuës de Païs. Ceux qui ne veulent pas paffer à Bourges, fe laiffent porter fur la Loire, jufques à

ORLEANS.

C'eft une des belles Villes du Royaume que l'on croit eftre l'ouvrage des Druides, les anciens Preftres des Gaulois. Belleforeft nous avertit que l'Empereur Aurelian l'accrut beaucoup en faveur des mefmes Druides, qui luy avoient prédit beaucoup de chofes qui luy devoient heureufement reüffir, & qu'elle prit le nom d'*Aurelia* en

Latin, & que les François ont en suite apᵃ
pellé Orleans, à l'imitation des anciens
Fondateurs des Villes, qui laiſſoient leurs
noms à celles qu'ils faiſoient élever, com-
meRome, deRomulus; Alexandrie, d'Alexandre; Pompejopolis, de Pompée; Adria-
nopolis, d'Adrian; & ainſi de pluſieurs autres.

Cette Ville porte le Titre de Duché, &
ſert d'appanage au deuxiéme Fils de France,
ce qui s'eſt fait ſous la troiſiéme Race des
Roys ; au lieu que dans la premiere, la
France ayant eſté ſouvent diviſée en Tetrar-
chie, Orleans portoit le titre de Royaume,
qui comprenoit le Dauphiné & la Provence, juſqu'à la Mer Mediterranée, auquel
en ſuite la Bourgogne fut jointe. Toutes
ces particularitez ſe peuvent voir plus au
long dans l'Hiſtoire de France, de meſme
que les divers Sieges que cette Ville a ſouf-
ferts en divers temps; comme par Attila
Roy des Huns, environ l'an 450. par les
Anglois ſous le Regne de Charles VII. &
du temps des Roys Henry & François II.

Cette Ville eſt ſcituée ſur la Riviere de
Loire, aux frontieres de Beauſſe & de Sologne. Elle eſt baſtie ſur le penchant d'une
mediocre Montagne, & fortifiée d'une
bonne terraſſe endoſſée d'une forte muraille,
munie de quantité de Tours remplies de
terre.

Elle a un Siege Episcopal, dont l'Evesque
depuis le temps de S. Agnan, qui fut le premier, a le Privilege à sa premiere Entrée &
prise de possession, de remettre toutes sortes
de Crimes, excepté ceux de Leze-Majesté.
L'Eglise Cathedrale est sous l'invocation
de Sainte Croix, laquelle ayant esté ruinée
par les Huguenots, Henry IV. y a laissé dix
mille livres tous les ans pour la faire rétablir, à quoy on travaille incessamment.

La Procession qui s'y fait tous les ans le
troisiéme jour de May, merite d'estre veuë,
tant à cause de sa pompe & de sa magnificence, que d'autres particularitez qui s'y
rencontrent.

Il y a encore quantité d'autres Eglises,
tant Collegiales, que Paroissiales & Religieuses de l'un & l'autre Sexe, parmy lesquelles les plus considerables sont celle de
S. Estienne, où Louis le Gros fut sacré par
S. Altin son Evesque, dans laquelle on voit
les Epitaphes des Audeberts, Pere & Fils,
qui y sont ensevelis, & dont le merite est
assez connu aux Orleanois; celle de Saint
Samson, où le Pape Estienne IV. sacra
Louis le Debonnaire avec son Epouse; &
l'Abbaye de S. Agnan, fondée par le Roy
Robert.

Philippe le Bel y établit une Université,
à laquelle il accorda quantité de Privileges

fort confiderables, que plufieurs Papes ont enfuite confirmez, & fur tous Clement V. natif de Bourdeaux, qui avoit fait fes Eftudes à Orleans.

Les Allemans y joüiffent de quantité de Privileges, qui ont efté authentiquement confirmez par les Roys Henry IV. & Louis XIII. Ils y ont une fort belle Bibliotheque garnie de quantité de bons Livres à leur ufage particulier : Outre la Nation Allemande, il y en a encore trois autres, fçavoir la Françoife, la Picarde & la Normande, qui joüiffent des Privileges accordez aux Efcoliers de l'Univerfité. On compte jufques à cinq Conciles qui fe font tenus à Orleans.

A l'endroit où fe tient le Prefidial qui s'appelle le Chaftelet où l'on diftribuë la Iuftice, il y a une Tour du haut de laquelle on peut voir tout à plein la grandeur de la Ville ; on y monte par 187. degrez, & on voit au dedans de l'une de fes Salles le Mariage de Louis XIII. & d'Anne d'Auftriche.

Orleans a un fort beau Pont fur la Riviere de Loire, compofé de feize Arches, où on voit trois Statuës de bronze, l'une de la Vierge, la deuxieme de Charles VII. & l'autre de Ieanne d'Arques, dite communément la Pucelle d'Orleans, armée, l'épée au cofté & toute échevelée. Proche de là il

y

y a une Croix de bronze avec une Infcription : On fait tous les ans le 9. jour de May
une Proceffion folemnelle, en memoire de
ce que cette divine Fille envoyée du Ciel
pour la delivrance de la Ville, fit lever le
Siege aux Anglois, qu'elle chaffa prefque
de toute la France. Au bout du Pont on
voit une vieille Tour dans laquelle Hugues
Capet Comte de Paris, & depuis premier
Roy de la troifiéme Race, tint prifonnier
Charles de Lorraine qui afpiroit à la Couronne, comme Premier Prince du Sang.

Le Mail qui eft joignant les murailles de
la Ville, eft fort beau & long de 750. pas.
Les Ruës d'Orleans & les Places publiques
y font belles & fort grandes ; Les Fauxbourgs des deux coftez font d'une prodigieufe grandeur, principalement celuy qui
conduit à Paris, où on voit le Monaftere
des Chartreux, qui merite d'eftre vifité.

Orleans eft une des Villes de France que
les Etrangers choififfent pour faire leurs
Exercices : Il y a de bons Maiftres de Langues, d'Armes & à Dancer ; mais le motif
principal qui y arrefte les Etrangers, font
les grands Privileges dont ils joüiffent ; &
comme les Allemans fur toutes les autres
Nations, font affectionnez à l'Etude du
Droict, ils ont en ce lieu là toute la commodité poffible d'y reüffir, & c'eft pour-

G

quoy il y en a ordinairement un bon nombre. D'Orleans on va commodément à
Paris par la voye du Meſſager qui part tous
les jours, ſoit à Cheval, ſoit en Carroſſe.

Route de Peronne à Paris.

IL y a beaucoup d'Etrangers, tant Allemans que Hollandois, leſquels apres
avoir veu les principales Villes du Païs-Bas,
ſe rendent à Cambray, pour paſſer à Peronne : C'eſt une Ville frontiere de France,
ſituée dans la haute Picardie, ſur la Riviere
de Somme ; Elle eſt tres-bien fortifiée, &
il y a une forte Garniſon pour ſa defence. Il
n'y a rien à voir de conſiderable que ſes
Fortifications & ſon Egliſe principale, qui
eſt une des plus conſiderables de toute la
Province. D'icy apres avoir paſſé par
S.Quentin, & par la Fere, qui ſont des
Villes dont les Fortifications meritent d'e-
ſtre conſiderées, on ſe rend à

LAON.

C'eſt une Ville du Comté de Vermandois
dans la Picardie, dont l'Eveſque joüit du
titre de Duc & Pair de France Eccleſiaſti-
que. Il y a des Hiſtoriens qui diſent que

Hugues Capet eſtant monté ſur le Trône des François, accorda cette Dignité à Ancelin Eveſque de ce lieu, en conſideration de ce que ce Prelat luy avoit mis entre les mains Charles de Lorraine ſon Competiteur à la Couronne, pour eſtre Frere de Lothaire & Oncle de Louis dernier Roy de la deuxiéme Race. Non loin de cette Ville eſt Noſtre-Dame de Lieſſe, qui eſt une Devotion à la Vierge des plus celebres & des plus conſiderables de France; & apres avoir veu ce grand concours de Peuple qui y va tous les jours en pelerinage, on peut aller à

SOISSONS.

C'eſt la premiere Ville de l'Iſle de France, ſituée ſur la Riviere d'Aiſne, aux Frontieres de Picardie. Les Latins l'appellent *Auguſta Sueſſionum*, & Ceſar en ſes Commentaires la recommande beaucoup comme une Ville qui commandoit à douze autres, & qui pouvoit mettre ſur pied juſqu'à cinquante millt hommes : C'eſtoit le ſejour du Gouverneur pour les Romains dans la Gaule Belgique, juſqu'au temps de Clovis I. qui leur oſta, & fit tuer Siagrius leur Lieutenant. Enſuite dans le partage des Enfans de ce grand Roy, elle porta le titre de Royaume, duquel le Vermandois, l'Artois, la Flandre & la Normandie dépendoient. Clotaire Fils puifné de Clovis en fut le premier Roy, & apres luy Chilperic fon Fils. Aujourd'huy elle porte le titre de Comté & d'Evefché dépendant de Rheims. En fortant d'icy on fe laiffe couler fur les eaux de l'Aifne, jufques à

COMPIEGNE.

C'eft encore une Ville de l'Ifle de France, qui a toûjours fignalé fon zele & fa fidelité pour le fervice de fes Roys; auffi porte-t'elle cette Devife, *Nunquam polluta,* ayant toûjours demeuré ferme dans leur obeiffance. Il y a un fort beau Chafteau où la Cour fait fon féjour ordinaire lors que la Guerre eft en Flandres: C'eft un Pays de Chaffe à caufe des Forefts qui font au voifinage. Charles le Chauve la fit reparer & augmenta beaucoup. La Pucelle d'Orleans faifant une fortie de cette Ville avec Pothon de Xaintrailles contre les Anglois fut prife en cette rencontre fous Charles VII. qui la firent brufler à Roüen, où elle fut conduite. D'icy on paffe à

SENLIS.

Cette Ville n'a rien de confiderable, bien

que ce soit un Evesché & Siege Presidial; mais il y a quelques Places aux environs qui meritent d'estre veuës, comme Villers-Cotterets, Maison Royale dans le Duché de Valois, qui est l'ouvrage de François I. Chantilly est une des plus agreables Maisons de France ; & Liancourt a quelque chose de si particulier pour les eaux, que l'on ne se repent point de les avoir veuës: apres quoy on se va reposer à Paris.

Route de Calais à Paris.

IL y a beaucoup d'Anglois qui se rendent à Douvres, Ville frontiere d'Angleterre, à cause de la commodité du passage qui n'est que de sept lieuës, & se font porter à

CALAIS.

C'est une Ville scise vis-à-vis de Douvres & une Clef de France, dont Cesar appelle les Habitans *Caletes*. C'est la plus considerable de la Comté d'Oye, qui fait une partie de Picardie: Elle a un Chasteau extrémement bien fortifié qui defend son Havre. Philippes Comte de Boulogne, Oncle du Roy S. Louis, la fit premierement clorre de murailles, & fortifier de bons

remparts. Edoüard V. Roy d'Angleterre
s'en empara l'an 1347. & les Anglois l'ont
gardée pres de trois cens ans, jufques au
temps de Henry II. que le Duc de Guyfe
la reprit fur eux ; Mais ayant efté reprife
par le Cardinal Albert d'Auftriche l'an
1596. elle fut remife en la puiffance des
François, par le Traité de Vervins, avec
l'Efpagnol deux ans apres. D'icy on paffe à

BOVLOGNE.

C'eft une Ville de Picardie, qui fut honnorée du titre de Comté par Charles le
Chauve, avec Guynes, Oye & Artois, en
faveur de Beaudoüin, furnommé Bras-de-
Fer. Louis VI. par une Devotion fpeciale
voulut que ce Comté relevât de Noftre-
Dame de Bologne. Henry VIII. Roy
d'Angleterre, dont les predeceffeurs l'a-
voient ufurpée fur les François, la ceda à
Henry II. Roy de France l'an 1549. moyen-
nant la fomme de 800000 efcus.

Elle eft divifée en haute & baffe qui eft
affife fur la Mer: La haute éloignée de
celle-cy d'environ cent pas, eft plus élevée
& ceinte de tres-bonnes murailles & de
profonds foffez : Elle joüit du titre d'Evefché, dépendant de Rheims, au lieu de Theroüenne, que Charles-Quint ruina entie-

rement. Ie conseillerois les Etrangers, auparavant que de passer à Abbeville, d'aller
voir

ARRAS.

C'est la Ville Capitale du Comté d'Artois, située sur la Riviere de Scarpe, & si
bien fortifiée, qu'elle passe pour une des
plus fortes Places de l'Europe : Elle est divisée en deux parties ; la premiere qui est
la Cité, est sujette à l'Evesque, & la deuxiéme qui est la Ville, dépend du Roy : Elle
a de fort belles Ruës & de fort belles Maisons, qui sont appuyées sur de grandes
voutes & arcades souterraines. Ses Places
publiques sont fort magnifiques ; On voit
dans la Cité, qui n'est pas de si grande
étenduë que la Ville, le superbe Temple
consacré à la Vierge, dans lequel on garde
fort religieusement une certaine Manne,
que S. Hierosme dit en ses Epistres, estre
tombée miraculeusement de son vivant en
ces quartiers là. Il y a encore une fort belle
Bibliotheque, où on trouve quantité de
rares Manuscrits de Theologie. Urbain II.
l'érigea en Evesché. qui reconnut premierement l'Archevesque de Rheims ; mais
le Pape Paul IV. le soûmit à celuy de Cambray. D'icy on peut aller droit à

ABBEVILLE

Eſt la Ville Capitale du Comté de Ponthieu, qui fait une partie de Picardie. Ce
Comté a eſté poſſedé par des Princes du
Sang, & par des Filles de France ; car Iacques de Ponthieu, de la deuxiéme branche
de la Maiſon de Bourbon, euſt Iean ſon Fils
qui épouſa Catherine, heritiere du Comté
de Vendoſme; & une Fille de France, mariée au Roy d'Angleterre, euſt le Comté de
Ponthieu en dot, pour lequel Edoüard
preſta le ſerment de fidelité au Roy Philippes de Valois en la Ville d'Amiens, l'an
1329. leſquels en ſuite ſe donnerent une
ſanglante Bataille pres de la Ville de Crecy,
dépendante de ce Comté, en laquelle la
pluſpart de la Nobleſſe de France fut défaite, avec un grand nombre des plus vaillans Princes de l'Europe ; car Iean de Luxembourg, Roy de Boheme ; Charles
Comte d'Alençon, Frere du Roy Philippes ;
le Comte de Blois, Neveu dudit Roy du
coſté de ſa Mere ; Raoul, Duc de Lorraine ;
les Comtes de Flandres, d'Harcourt, de
Sancerre ; le Dauphin de Viennois, avec
quantité d'autres illuſtres Seigneurs, au
nombre de douze ou quinze cens furent
tuez, avec trente mille Hommes l'an 1546.

Ce Comté fut réüny à la Couronne par
Charles VII.   Abbeville eſt ſituée ſur la
Riviere de Somme & aſſez bien fortifiée,
où il y a ordinairement Garniſon de la part
du Roy : L'on y travaille de fort bonnes
Armes à feu & qui ſont fort eſtimées : Il
ne ſeroit pas juſte que les Etrangers paſ-
ſaſſent par Abbeville, ſans aller voir

AMIENS.

C'eſt une ancienne Vidamie, & l'une des
plus fortes Places du Royaume, ſituée ſur
la Riviere de Somme : C'eſt la Metropolitaine de Picardie, appellée par les Latins,
Ambianum, parce qu'elle eſt enrourée
d'eaux. Les Eſpagnols s'en rendirent les
maiſtres ſous le Regne d'Henry IV. par
une Charrette de Noix qu'ils firent entrer
dans la Place ; mais ce grand Monarque la
reprit ſur eux l'année ſuivante par la force
de ſes armes, d'où eſt venu le Proverbe,
Amiens fut priſe en Renard, & repriſe en
Lyon.
    Le Roy pour punir la laſchété de ſes Ha-
bitans qui avoient refuſé la Garniſon que
l'on y avoit voulu mettre & qui s'eſtoient
mal defendus, leur oſta tout le Canon pour
mettre dans la Citadelle qu'il y fit élever,

sur une Porte de laquelle on voit sa Statuë,
avec cette Inscription.

*Vt beneficium sidus, Henrici IV. vultum
posteri norint ; quem Vrbs & Orbis Gallicus
Regem ac liberatorem habet.*

L'Eglise Cathedrale est l'une des plus
belles de France , dont la magnificence du
Chœur, des Portes, des Colomnes , des feneſtres & des Autels, avec une infinité d'E-
pitaphes qui y font, meritent la curiofité des
Etrangers. Il ne faut pas oublier de viſiter
une petite Chapelle , où on montre avec
grande Devotion la Teſte de S. Iean Bap-
tiſte, enfermée dans un Criſtal ; Si on veut
pouſſer plus avant ſur la meſme Riviere de
Somme , on peut aller à Corbie, qui eſt
une Ville confiderable, à caufe de ſes Fortifications. De Corbie on doit prendre le
chemin de

NOYON.

C'eſt une petite Ville de Ficardie aſſiſe
ſur la Riviere d'Oyſe. Deux chofes la rendent confiderable : La premiere, le Couronnement de Hugues Capet , Chef des
Roys de la troiſiéme Race qui s'y fit , les
Eſtats Generaux y eſtans aſſemblez, à l'ex-
clufion de Charles de Lorraine , Frere de
Lothaire & Oncle de Louis dernier Roy de

la feconde Race, tant à caufe qu'il avoit fa-
vorifé le party des Allemans contre les
François, que parce qu'il avoit receu à foy
& hommage de l'Empereur Othon, la
Duché de Lorraine.

La deuxiéme eft la naiffance de Calvin,
qui eftoit Chanoine de cette Ville, & qui
fe retira à Geneve, où il fut fait Miniftre, &
y dreffa l'ordre de la Difcipline Ecclefiafti-
que : On y voit encore fa Maifon qui n'eft
pas de grande importance. L'Evefque de
Noyon porte le titre de Comte & Pair Ec-
clefiaftique, qu'on dit luy avoir efté accor-
dé par Hugues Capet. D'icy on va à Compiegne, enfuite à Senlis, & puis à Paris,
dont nous avons déja parlé.

Ceux qui ne veulent pas aller jufqu'à
Corbie, peuvent d'Amiens prendre le chemin de

BEAVVAIS.

C'eft encore une Ville de Picardie, Capitale du Pays Beauvoifin : Cefar en parle
dans fes Commentaires en des termes fort
avantageux, & dit que ceux du Pays furpaf-
fent tous les autres Belges, en courage, en
authorité & en nombre d'Hommes. La
Ville eft belle, forte d'affiette, magnifique
en Baftimens, fertile en fon terroir, & re-
nommée par le commerce de fes Serges: On

y travaille aujourd'huy de fort bonnes Ta-
pisseries. On tient aussi que Hugues Capet donna à son Evesque le titre de Comte
& Pair Ecclesiastique. Ses Habitans pour
avoir soûtenu le Siege contre Charroloïs
Roy de Bourgogne l'an 1472. ont esté
exempts du Ban & Arriéreban, & ont le
pouvoir de tenir des Fiefs sans payer aucune
finance à la Couronne. Les Femmes pour
y avoir aussi fait paroistre une generosité
extraordinaire, ont le Privilege de preceder
les Hommes dans une Procession qui s'y
fait tous les ans le jour de S. Agadresme.
Les Latins l'appellent *Bellovacum*, d'où
ceux du Pays ont esté appellez Belges.
D'icy on prend le chemin droit à Paris par
S. Denys, dont nous avons déja parlé, à
moins que l'on veüille auparavant passer
par Ponthoise, qui est une petite Ville assez
agreable.

Route de Dieppe à Paris.

LEs Anglois qui s'embarquent à la Rye
pour passer en France, vont-prendre
terre à Dieppe, où apres avoir consideré la
Place, & les beaux ouvrages qui s'y font,
tant en cuivre, qu'en yvoire & en buis, on
prend le chemin de

ROVEN.

C'eſt la Metropolitaine de Normandie,
qui eſt l'une des plus bells Provinces de
France, & que les premiers François appellerent Vueſtrie, ou Neuſtrie, c'eſt à dire
France Occidentale, à la difference de l'Oſ-
trie ou Auſtraſie, c'eſt à dire France Orien-
tale, qui eſt la Lorraine : En ſuite elle prit
le nom de Noſmandie, de quelques Nations Septentrionales qui s'en rendirent les
Maiſtres.

Avant la fondation de la Monarchie
Françoiſe, cette Province avoit ſes Ducs
ou ſes Roys Souverains ; mais le grand
Clovis I. de ce nom la reduiſit en Province,
qui porta long-temps le titre de Comté,
mais Charles le Simple l'érigea en Duché
en faveur de Rollo ou Raoul, Chef de ces
Peuples Septentrionaux qui ſe rendirent ſi
conſiderables par leurs Conqueſtes en Angleterre, Pays-Bas, & France, que ce Prince fut obligé de faire la paix avec ce Conquerant, auquel il donna ſa Fille Gillette
en Mariage. Hugues Capet l'érigea en
Pairie, & elle fut poſſedée toûjours par ſes
Ducs à foy & hommage de la Couronne de
France, juſques au Regne de Philippes Auguſte, qui la réünit à ladite Couronne, par

la felonnie de Iean, sur-nommé Sans-Terre,
Roy d'Angleterre , qui avoit fait tuer
Artus son Neveu. Ensuite les Anglois la
possederent durant trente ans jusques au
temps de Charles VII. & depuis Louis XI.
la réünit à la Couronne.

C'est assez parlé du Pays, entrons dans
la Ville, qui est l'une des plus belles du
Royaume & des mieux peuplées , à cause
de son Port, de son Parlement , & autres
Cours Souveraines : On tient que Jules
Cesar la ceignit de murailles, & y mit une
Colonie de Soldats Romains, pour la de-
fense de tout le Pays.

Elle est située dans un fonds , entourée
de Campagnes fort delicieuses sur la Riviere
de Seine, où il y a deux forts beaux Ports,
l'un au dessus du Pont, que l'on appelle le
Quay de Paris : l'autre est au dessous du
Pont, appellé le Quay des Navires. On
passe la Seine sur un Pont fait de Batteaux,
pour aller au Fauxbourg de S. Severe, où
il y a un fort beau Ieu de Mail ; car celuy
de pierre qui ... admirable pour sa hauteur
& profondeur, de treize arches seulement,
mais fort larges, est ruiné en partie, & par-
tant rendu inutile.

Dans la Ville il y a trois petites Rivieres,
d'Aubette, de Robec, & de Renelle, qui
font moudre quantité de Moulins à Bled,

à Tanneur, à Foulon de Draps, à Teinturiers, à Taillandiers, & à Huile, sur lesquelles il y a trois Ponts de mesme nom, pour faciliter le passage.

L'Eglise Metropolitaine consacrée à la Sainte Vierge, sous le nom de N. Dame, fut bastie à ce que l'on tient par Raoul I. Duc de Normandie, dont nous avons parlé. Elle a trois grosses Tours, dont la premiere s'appelle la Tour de S. Romain; la seconde, la Tour de Beurré, à cause qu'elle fut bastie des deniers recüeillis sur le Peuple pour la Dispense obtenuë du Cardinal George d'Amboise Legat en France, de manger du Beurre en Caresme; Elle est couverte de plomb, & au dessus il y a une grande Croix en façon de Giroüette, avec un Chapeau de Cardinal, & ces Lettres G. A. On y monte par quatre cens quatre-vingts & deux marches. La troisiéme s'appelle la Tour de Bois, élevée en forme de pyramide sur le Parvis, & faite d'un artifice autant merveilleux qu'on en puisse voir, dans laquelle il y a une Cloche du poids de six cens soixante & six livres, donnée par Louis Chevalier Seigneur de Graville, Grand Admiral de France; mais celle qui est dans la Tour de Beurre, appellée George d'Amboise, est d'une prodigieuse grandeur, on la tire par quatre cordes & pese trente-six mille livres , dont le battant est de sept cens dix livres de poids ; Elle a trente pieds de tour par en bas, dix de largeur, & dix de hauteur, autour de laquelle on lit quelques Vers à l'honneur du Cardinal d'Amboise. La Nef de l'Eglise est soûtenuë de quatorze gros pilliers de chaque costé. L'Orgue est l'une des plus belles & des plus grandes qui soient en France, qui fut faite aux despens de Robert de Crosmare, Archevesque de Roüen. Les Ornemens des Prestres & les Paremens d'Autel sont magnifiques , & on y en voit encore qui furent donnez par Guillaume Roy d'Angleterre, & par le Cardinal d'Amboise, il y a plus de deux cens ans. Le Tresor est remply de quantité d'argenterie, de Mitres relevées d'or & de perles, de Crosses & autres Ornemens Pontificaux , parmy lesquels il y a une Chape ou Manteau d'Archevesque de petit poinct , sur lequel l'Histoire de Jesus-Christ disputant dans le Temple, son Baptesme, & la Tentation au Desert, est admirablement bien representée. On peut remarquer dans l'Eglise quantité de belles Epitaphes, tant du Cardinal d'Amboise, que de plusieurs Archevesques, & Ducs de Normandie. La Statuë de Charles V. relevée en marbre avec son Cœur, y sont encore : On y voit de plus dans la Chapelle

des

des *Saints Innocens*, l'Hiſtoire de S.Ro-
main & du Dragon qu'il tua, ce qui donna
lieu au Privilege ſi conſiderable que le Roy
Dagobert accorda à S.Oüen, Archeveſque
de Roüen, & ſucceſſeur de S. Romain, lequel a eſté confirmé par tous les Roys de
France juſqu'à preſent. Ce pieux Monarque accorda au Chapitre de Noſtre-Dame,
de pouvoir tirer des Priſons le jour de l'Aſ-
cenſion, l'un des plus Scelerats qui y ſoit,
que le Parlement, toutes les Chambres aſ-
ſemblées en Robes rouges, abſout de tous
ſes Crimes ; ce qui ſe fait avec pluſieurs
belles Ceremonies, qui ſont plus agreables
à voir, que non pas à décrire.

En ſortant de l'Egliſe de Noſtre-Dame,
ou bien en y entrant, portez la veüe ſur la
Porte qui fut baſtie en l'honneur de Henry IV. avec trois Graces au deſſus, & un
Arc de Triomphe, avec l'Idole de la Ligue
enchaiſnée & rongeant ſon lien, où le Roy
d'Eſpagne paroiſt aſſis ſur une Cloche tout
triſte & melancolique.

Le Monaſtere de S.Oüen, où les Roys
de France eſtans à Roüen, tiennent leur
Cour, merite d'eſtre viſité. L'Egliſe eſt
l'un des plus beaux Edifices qui ſe puiſſent
voir ; les deux feneſtres qui ſont dans la
Chapelle de S.Agnés, qui ſont en forme
d'une double Roſe, ſont des Chefs-d'œu-

H

vres qui meritent d'eſtre conſiderez. Outre
ces deux Egliſes, il y en a une infinité d'autres, tant Collegiales, que Paroiſſiales &
Religieuſes. On peut encore voir le Vieux
Palais, qui eſt une Fortereſſe en forme de
Citadelle, de Figure quarrée regardant la
Riviere de Seine. Le Roy y entretient Garniſon, commandée par un Gouverneur ou
Lieutenant de Roy; On voit ſur le frontiſpice la *Statuë* de Henry IV. en forme
d'Hercule. L'Effigie de ce meſme Roy ſe
voit ſur le frontiſpice du Palais, où le Parlement qui y fut étably par Louis XII. tient
pour l'adminiſtration de la Juſtice dans
toute la Province : Outre le Parlement il
y a encore une Chambre des Comptes, la
Cour des Aydes, la Cohuë ou Preſidial, &
la Bource ou l'Eſtrade, qui eſt la Juriſdiction des Marchands.

Enfin ſi vous prenez la peine de vous
promener dans Roüen, vous y remarquerez
cent vingt-cinq Ruës ou ruelles, treize
Places publiques où on tient le Marché,
vingt-trois Fontaines, ſeize Portes dont
celle de S.Hilaire eſt remarquable par la
mort d'Antoine de Bourbon, Pere de
Henry IV. qui fut tué d'un coup de Mouſ-
quet en faiſant de l'eau l'an 1563. dans la
Guerre contre les Huguenots, ſur quoy il
eſt à remarquer que Henry IV. eſtant de

vant la Ville, qu'il avoit affiegée, les murailles tomberent d'elles-mefmes de ce
cofté-là.

Ceux qui fe contentent de voir feulement
Roüen, s'en vont droit à Paris, fans qu'il
y ait rien de remarquable qui merite de les
arrefter en chemin ; mais je confeilleray aux
Etrangers de faire un petit tour dans la
Province, & apres avoir veu Gaillon qui eft
la Maifon de plaifance de l'Archevefque de
Roüen, de defcendre fur la Riviere, jufques au

HAVRE DE GRACE.

C'eft une Place fur l'embouchure de la
Seine, que François I. fit élever contre les
Incurfions des Anglois. Le Cardinal Duc
de Richelieu, qui en connoiffoit l'importance, prit le foin de la faire fortifier : Il y a
ordinairement Garnifon, commandée par
un Gouverneur ou par un Lieutenant de
Roy. D'icy on peut aller foit par terre,
foit par eau, felon la commodité qui fe ren-
contrera à

CAEN

Eft la principale Ville de la Baffe Normandie, fituée fur la Riviere d'Aulne, &
ornée de fort beaux Edifices, tant publics

que particuliers : On tient que Cajus Cefar en jetta les premiers fondemens, d'autant qne ce fut en cet endroit qu'il établit fa
demeure, lors qu'il entreprit le Voyage de
la Grand' Bretagne. Les Latins l'ont auſſi
appellée *Cadomus*, comme qui diroit *Caij-
Domui*. Guillaume le Conquerant Duc de
Normandie, & Mathilde fon Epouſe y faifoient leur demeure ordinaire, & on y voit
leurs Tombeaux. Bien qu'il n'y ait point
d'Eveſque, il y a pourtant une Univerſité
fondée ſous le Regne de Charles VII. Les
Etrangers y font quelquefois leur ſéjour &
leurs exercices, qui y font aſſez bons ; fon
terroir à cela de particulier, que l'on y
cüeille d'aſſez bons Vins, ce qui ne ſe trouve point dans le reſte de la Normandie, où
on ſe ſert de Cidre pour boiſſon ordinaire.
D'icy on peut paſſer à

BAYEVX

Eſt la Ville Capitale du Païs Beſſin,
qu'on tient avoir eſté baſtie par Belus, à
cauſe du nom Latin *Bellocatium*, comme qui
diroit Caſe ou Demeure de Belus. Ceſar
dans ſes Memoires, appelle ſes Habitans
Bellocatiens. Belleforeſt les nomme *Bajocaſſes*,
de leur Ville qu'il appelle *Bajoca* : C'eſt une
Ville Epiſcopale, qui a le titre de Vicomté,

laquelle apres avoir visitée on peut passer à

CONSTANCE.

C'est la principale Ville du Pays de Constantin en Normandie. Ammian Marcellin qui vivoit du temps de l'Empereur Constantius, Pere de Constantin le Grand, l'appelle *Castra Constantia*, & dit qu'elle tire son nom de cet Empereur qui l'embellit & la fortifia pendant le séjour qu'il fit en Normandie : On y voit encore les vestiges de ses anciennes murailles que les Anglois démolirent du temps de Charles VII. C'est un Evesché & Siege Presidial qui ressortit au Parlement de Roüen. D'icy on peut passer à

AVRANCHES.

C'est une Ville tres-ancienne, située à l'Occident de la Normandie, & que les premiers François Chrestiens érigerent en Evesché. Les Latins l'ont appellée *Arbarica* & *Abrinca*, des Arbres & des Bois de haute-fustaye dont elle estoit environnée autrefois ; elle joüit du titre de Vicomté. Auparavant de s'éloigner de ces quartiers, je conseillerois les Etrangers d'aller voir le Mont S. Michel, qui est un Roc dans la Mer, où il y a une Devotion particuliere à

cet Archange, & en suite prendre le chemin
du Pays du Maine.

LE MANS.

C'est la Ville Capitale du Pays du Maine,
qui fut premierement un Comté, en suite
un Marquisat, & enfin le Roy Jean l'érigea
en Duché en faveur de Louis son second
Fils, qui l'eut pour son appanage. Les Anglois ont possedé fort long-temps ce Pays,
qui estoit une dépendance de la Guyenne;
mais Saint Louis par accord fait avec
Henry III. Roy d'Angleterre, le réünit à la
Couronne & Domaine de France, moyen-
nant la somme de 150000. escus. Cesar parle
de ses Peuples sous le nom de *Cenomani* &
Auleni, & en fait une fort honnorable
mention. Ie ne m'arreste point à l'étymologie du nom, qui est incertaine, quoy qu'il
y ait apparence que la Riviere du Maine
qui arrouse la Province, luy a communiqué
son nom.

La Ville est assise sur la Riviere de Sartre,
& son Eglise consacrée à Saint Julien, dont
les Roys de France sont premiers Chanoines, est fort belle & fort magnifique : Elle
a un Evesque, & est déservie par 36. Chanoines : On tient que la Nef de cette Eglise estoit le Palais de Defensor, Gouverneur

pour les Romains en ce Pays, lequel fut converty à la Foy & baptisé par S. Julien; On remarque encore aujourd'huy aux pilliers qui soûtiennent la voute, quelques vieilles Armoiries de Crapaux; ce qui confirme le sentiment de ceux qui disent que les premieres Armoiries de France estoient composées de ces vilains Animaux. D'icy en montant toûjours la Riviere de Sartre on va à

ALENÇON.

C'est un ancien Comté de Normandie, sur la Riviere de Sartre. Charles VI. l'érigea en Duché & Pairie, & plusieurs Enfans de France l'ont euë en appanage. La Ville est fort agreable, & on y travaille de fort belles Dentelles, que l'on appelle vulgairement Poinct d'Alençon, dont on peut se fournir auparavant que de passer à

BELESME

Est une Ville du Perche qui a esté longtemps sous la Domination des Anglois, de mesme que le Maine. Ce nom de Perche doit estre nouveau; car Cesar parlant des Peuples de ce Païs, les appelle *Vdelly & Aulery* & fait mention de Viridoüix Roy de cette Contrée. Auparavant que Charles VIII. réunit le Perche à la Couronne de France, il avoit ses Comtes particuliers.

Les Estats de la Province s'assemblent ordinairement à Belesme, où il y a un Grenier à Sel, & d'où vous devez aller à

CHARTRES.

C'est une fort belle & ancienne Ville de la Beausse, & c'estoit la demeure des Druides, anciens Prestres des Gaulois, qui y bastirent un Temple dedié à la Vierge, tenant un Enfant entre ses bras, avec cette Inscription sur le frontispice, *Deipara Virgini* ; C'est encore la Chappelle qui est au dessous de la grande Eglise, qui est l'une des plus magnifiques de France. C'estoit autrefois un Comté, mais François I. l'érigea en Duché & la réunit à la Couronne de France. Cesar parle de ses Peuples comme des plus vaillans qui fussent parmy les Gaulois, lesquels se revolterent souvent contre les Romains, qui enfin les receurent dans leur alliance. C'est un des plus grands Eveschez de France ; il y a un Presidial, & il y a eu un Concile sous Eugene III. pour le Recouvrement de la Terre-Sainte. D'icy on prend le Messager ordinaire pour aller droit à Paris.

Ceux qui ne veulent pas faire un si grand

tour

tour, peuvent aller de Caën tout droit à
Alençon, & en suite à Belesme & à Chartres; Mais si d'Alençon vous voulez des-
cendre sur la Riviere de Sartre, vous pouvez aller du Mans droit à Chartres, sans
passer à Belesme: chacun peut faire ce qu'il
jugera à propos.

Du petit & du grand Tour.

LEs Etrangers entendent ordinairement
par le petit Tour les Villes qui sont sur
la Riviere de Loire, depuis Orleans jusques à Nantes en Bretagne, avec les lieux
voisins ou adjacens qui meritent d'estre
veus. Quelques-uns l'étendent jusques à
la Rochelle, & mesme jusques à Bourdeaux, d'où ils s'en retournent à Paris.

Mais par le grand Tour ils entendent
outre les Villes susdites, le Voyage par la
Guyenne, le Languedoc, la Provence & le
Dauphiné, jusques à Lyon, d'où ils s'en
retournent à Paris, ou bien comme font
beaucoup d'Allemans, Polonois & Suedois en leur Païs, par la Franche-Comté,
ou par Geneve, & en suite par la Suisse.
Quelques-uns passent de Lyon en Italie;
mais il nous faudroit trop de temps pour

I

les fuivre, laiffons les aller & pourfuivons
le deffein que nous avons fait de décrire
premierement le petit Tour, & en fuite le
grand.

Defcription du petit Tour.

ON commence ordinairement le petit
tour par Orleans dont nous avons
déja parlé : Ceux qui veulent voir Clery,
qui eft une Chapelle que l'on rencontre en
chemin, élevée par Louis XI. & où eft fon
Tombeau, prennent des Chevaux à Orleans, ou bien la commodité de quelque
Meffager ; mais ceux qui aiment mieux
celle de la Riviere, s'y embarquent dans
une Cabane, pour aller à

BLOIS.

C'eft une Ville & Comté, Capitale du
Pays Blaifois: Elle eft fcituée fur la Riviere de Loire, & jointe par un beau Pont
qui a quantité de Moulins à eau & un grand
Fauxbourg qui eft de l'autre cofté. C'eftoit
autrefois la demeure des Roys de France,
& leurs Enfans y eftoient ordinairement
élevez: Elle a eu fes Comtes particuliers
auparavant qu'elle fut unie à la Couronne,

& prefentement on la donne avec la Duché
d'Orleans au fecond Fils de France.
Louis XII. jetta les fondemens du Cha-
teau, fur le frontifpice duquel on voit
fa Statuë avec quelques Vers que l'on dit
avoir efté les derniers que le Poëte Fauftus
a compofez. Ioignant le Chafteau il y a
deux beaux Iardins qui en dépendent, en
l'un defquels il y a une grande Gallerie qui
les fepare, & dans la Court exterieure eft
l'Eglife de S. Sauveur affez belle, où on voit
quelques Tombeaux de fes anciens Comtes,
& des Fils & Filles de France.

Ioignant les Iardins, on trouve les Allées,
qui eft une promenade des plus delicieufes,
& longue d'une demy-lieuë, au bout de laquelle on trouve un fort beau Ieu de Mail.
Plus avant on rencontre la Foreft de Blois,
pleine de Gibier & de Beftes fauves, & au
delà de la Riviere on voit les Forefts de
Rouffy & de Bologne, où les Roys vont
prendre par fois le divertiffement de la
Chaffe.

Non loin du Chafteau, eft le Gouffre,
qui eft le Refervoir de toutes les eaux qui
fe communiquent dans la Ville, par le
moyen des tuyaux foûterrains qui les y
portent : On tient que c'eft l'ouvrage des
Romains, de mefme que ce grand Efgouft
qui traverfe toute la Ville, & qui porte les

immondices dans la Riviere.

La bonté de l'air, la pureté de la Langue, l'agréement de la Promenade, la douceur de l'entretien, la delicateſſe des viandes & du vin, & l'excellence de toutes ſortes d'Exercices, ſoit pour l'eſprit, ſoit pour le corps, arreſtent beaucoup d'Etrangers, qui ont bien de la peine de quitter Blois apres qu'ils en ont gouſté les charmes des Penſions : Il y en a de toutes ſortes pour ſatisfaire tout le monde. Entre les principales ou les plus communes, on y compte la Penſion coquette, la Penſion magnifique, la Penſion riante, la Penſion ſalée, la Penſion abbatuë, la Penſion enjoüée, la Penſion mediocre, & la Penſion puante : Outre celles-là il y en a pluſieurs autres particulieres pour une ou pour deux perſonnes, que l'on appelle les Penſions ſolitaires ; car à Blois ce ſont des Gens à Sobriquets.

Il y a quelques lieux aux environs de Blois qui meritent que les Etrangers ſe donnent la peine de les voir : Le premier eſt le Chaſteau de Chambort, Maiſon Royale commencée par François I. le deſſein en eſt magnifique, & ce qu'il y a de plus remarquable, eſt ſon Eſcalier fait ſi artiſtement & d'une telle maniere, que deux perſonnes le montant, ſe ſeparent inſenſiblement ſans ſe voir & ſans ſe rencon-

trer qu'au haut à chaque étage. Comme le
Baſtiment eſt imparfait , ce n'eſt preſentement qu'une maſſe de pierre informe.

Le Parc qui accompagne le Chaſteau,
eſt de ſept lieuës de tour, environné de murailles , & remply de Beſtes fauves & de
Gibier.

D'icy on peut aller à Herbeaux , qui eſt
une Maiſon fort riante à cauſe de ſes eaux,
de ſes Iardins & de ſon Parc ; En ſuite on
paſſe par Ville-Savin, par Chiverny , qui
eſt un magnifique Chaſteau , & enfin par
Beauregard, qui eſt un ſuperbe Baſtiment
accompagné de tres-beaux Parterres, &
dont la Gallerie eſt ornée des Peintures des
plus grands Hommes qui ont fleury en leur
Siecle dans toutes ſortes de Pays.

On peut encore aller voir le Chaſteau de
Bury, & là aupres Orcheſe, qui eſt un petit
Village où eſtoient autrefois les Magaſins
de Ceſar ; auſſi les Latins appellent ce lieu
là, *Horrea Ceſaris.* La Fontaine eſt admirable, en ce qu'elle vient d'un Rocher où il
y a une ouverture dont on ne trouve point
le bout. Il ne faut pas oublier la décou-
verte que l'on a faite en cet endroit de la
Terre Sigillée, dont les Medecins ſe ſervent
à pluſieurs uſages dans les Remedes qu'ils
ordonnent. Apres avoir veu tous ces lieux,
on s'en va à

TOVRS.

A deux lieuës de Blois ; auparavant que
d'arriver à Tours, on rencontre Amboile,
où il y a un Chafteau Royal qui merite d'e-
ftre veu. On peut monter fur le fommet
avec un Carroffe attelé de deux ou quatre
Chevaux, & dans une des Salles il y a un
Bois de Cerf d'une fi prodigieufe grandeur,
que plufieurs fe perfuadent contre la verité
que ce foit un ouvrage de l'Art, plutoft que
de la Nature. Apres avoir fatisfait fa curiofité, on rentre dans le Batteau pour pourfuivre fon chemin vers Tours Capitale de
la Province de Touraine.

On appelle fes Peuples Tourangeaux,
dont Cefar parle en des termes fort avantageux, fous le nom de *Turones*, & on les
tient des plus anciens de la Gaule Celtique.
S. Gregoire de Tours affure en plufieurs endroits de fes Commentaires, qu'ils eftoient
appellez Citoyens Romains, & qu'ils joüiffoient des Droicts & Privileges des anciens
Romains.

Les Comtes de Blois & de Champagne
ont long-temps poffedé ce Pays, & il a eu
toûjours fes Comtes particuliers jufques à
Iean, dit Sans-terre, dont la felonnie unit la
Province à la Couronne de France, avec les

autres Terres Souveraines qu'il tenoit mou-
vantes de ladite Couronne.   Depuis les
Roys de France l'ont érigée en Duché.   Le
Roy Iean la donna en appanage à fon Fils
Philippes dit le Hardy, & Charles V. en
difpofa en faveur de Louis fon Fils puifné.

La Ville eft fcituée fur les Rivieres de
Loire & du Cher, beaucoup plus longue
que large : Elle eft jointe à un grand Fauxbourg par un grand beau Pont de dix-huit
arches fur la Loire, qui forme en cet endroit plufieurs petites Ifles fort agreables.
Du cofté de la terre il y a un Ieu de Mail
des plus beaux , qui égale la longueur de la
Ville. C'eft un Siege Archiepifcopal dont
l'Eglife eft dédiée à S. Gratian fon premier
Evefque. Le Chœur eft tres-magnifique,
& les murailles qui compofent ce fuperbe
Edifice, font ornées de quantité de Statuës
admirablement bien élabourées ; Trois
groffes Tours lay fervent d'ornement, dont
l'Horloge eft peut-eftre l'une des plus ar-
tiftement travaillée.

S. Martin eft encore une fort belle Eglife,
où il y a un celebre Chapitre ; l'Eglife a
cinquante-deux feneftres, vingt colomnes
qui foûtiennent la voute , & huit Portes.
L'Orgue eft l'une des plus belles & des
plus magnifiques de France. Cet Edifice a
trois grandes Tours, dont une a trois cens

vingt-huit marches, du haut de laquelle on découvre à plein la Ville & la Campagne bien au loin. Il y a dans cette Tour une Cloche dont le diametre est de sept pieds & demy, la circonference de vingt-deux, & dont le battan pese cinquante livres. Il y en a une deuxieme qui n'est guere moins grande, & la Sonnerie de S. Martin est tenuë pour l'une des plus harmonieuses de France.

L'Histoire de France remarque que Clovis I. estant à Tours, il reçeut les Ambassadeurs d'Anastase Empereur des Grecs, qui luy apporterent des Lettres, par lesquelles ledit Empereur luy donnoit le titre de Consul, de Senateur & de Patrice Romain, & luy envoya en mesme temps une Couronne d'or, & une Robe telle que les Senateurs Romains la portoient. Charlemagne estant arrivé à Tours, apres avoir imploré l'assistance de S. Martin, donna Bataille avec quinze cens François, à trois cens quatre-vingts cinq mille Sarrasins pres de cette Ville, conduits par Abderame, Roy de la pluspart des Espagnes, qu'il défit entierement.

Tours n'est pas seulement considerable par la naissance du Pape Martin VI. mais encore pour avoir esté le Siege de quatre Conciles, composez des Evesques de l'Eglife Gallicane ; & il ne fera pas hors de propos d'avertir le Lecteur de l'origine du mot *Huguenot*, qui a pris naiffance à Tours par cette occafion. Le vulgaire a crû fort long-temps qu'il y avoit un Lutin qui rodoit de nuit les ruës, que l'on appelloit le Roy Hugon ; c'eft pourquoy le Peuple ayant appris qu'il y avoit des Gens qui faifoient des Affemblées de nuit, qui eftoient ceux que l'on appelle de la Religion, les appella Huguenots, comme qui diroit Difciples de Hugon, qui ne fe faifoient oüir que de nuit.

Le Chafteau bafty fur une roche & eftimé imprenable, eft confiderable pource qu'il a fervy de lieu de feureté où on mettoit les Reynes & les Enfans de France, pendant les Guerres Civiles qui affligeoient le Royaume. Apres la mort du Duc & du Cardinal de Guife, tuez au Chafteau de Blois, Henry III. y mit en prifon fon Neveu, pour faire avorter le deffein des Partifans de fon Oncle, qui le vouloient couronner Roy de France. Il ne laiffa pas pourtant de s'échaper, & fe retira dans l'Armée de Monfieur de la Chaftre, & moyenna en fuite fa paix avec le Roy.

La Manufacture des Eftoffes tant de foye que de laine, eft une des chofes les plus remarquables qui foient à Tours ; & il ne

faut pas oublier d'aller voir à deux lieuës de
la Ville des Caves qui font dans le Roc,
d'où l'eau diftille continuellement & fe
congele ou conuertit en pierre, mefme dans
les plus grandes chaleurs, produifant une
infinité de differentes formes tranfparantes
commt du Sucre candy.

Il y a à Tours un Siege Prefidial des plus
illuftres, une Generalté de Treforiers
avec une Cour des Monnoyes; & enfin un
Maire, qui a avec les Efchevins le Gouver-
nemenr particulier de la Ville.

Il y a encore proche de Tours un fuperbe
Monaftere de S. Benoift, appellé Mar-
monftier, dont S. Martin jetta les premiers
fondemens. On y voit l'Ampoulle remplie d'Huile, que l'on tient avoir efté apportée du Ciel par un Ange à S. Martin,
pour en oindre fes playes, de laquelle
Henry IV. fut facré à Chartres, où elle fur
portée par quatre Religieux. Il y a fur la
porte du lieu où eft ladite Ampoulle cette
Infcription.

*Angelus Ampullâ Martini faucia membra
unxit, & Henricus maximus omen habet.*

Le Pleffis qui eft une Maifon Royale, &
le premier Convent de France des Peres
Minimes, eft un lieu fort agreable & confiderable par la mort de Louis XI. qui y deceda, apres avoir fait venir de Calabre

S.François de Paule, par les prieres duquel il esperoit obtenir sa guerison. Cette Maison est fort frequentée à cause de la Devotion de ce Saint. Apres avoir veu toutes ces particularitez, on peut prendre le chemin de la Fleche, où se voit cette illustre Maison que Henry IV. donna aux Iesuistes qui en ont fait le plus magnifique College qu'ils ayent en France, & en suite passer à

SAVMVR.

C'est une Ville d'Anjou située sur la Loire, & jointe à un grand Fauxbourg par un beau Pont élevé sur ladite Riviere. Elle est d'une étenduë assez mediocre, mais fort agreable, à cause de sa situation, & des Plaines voisines, qui servent de promenade. Il y a un Chasteau qui commande sur la Ville, qui a un Gouverneur particulier. Ceux de la Religion y ont un beau Temple, & quelques Classes pour leur usage. A un demy quart de lieuë, les Peres de l'Oratoire ont une Eglise fort celebre, à cause de la devotion à la Vierge, à laquelle elle est consacrée. On l'appelle N.Dame des Ardilliers, & elle est tellement frequentée, qu'il semble qu'il y ait tous les jours Foire en cet endroit, principalement le matin que le monde y va faire dire des Messes.

D'icy on va ordinairement voir cette
magnifique Maison du feu Cardinal Duc
Richelieu, qui est l'une des plus belles de
France : Elle est accompagnée de tous les
agrémens possibles, soit au dehors, soit au
dedans, & on ne se repent point de l'avoir
veuë. Outre le Chasteau, il y a encore la
Ville du mesme nom, dont les Maisons sont
toutes basties au niveau les unes des autres.
En allant ou revenant, on peut aussi voir la
Sainte Chapelle de Champigny, où est la
Sepulture des Ducs de Montpensier Princes
du Sang. On n'employeroit pas mesme
mal son temps de passer jusques à Toüars,
qui est une petite Ville du Poitou, proche
de Richelieu, où on voit un Chasteau des
plus élevez, qui ne cede gueres à ce premier, & qui appartient au Duc de la Tri-
moüille.

Beaucoup d'Etrangers choisissent Saumur
pour leur demeure, & pour y faire leurs
Exercices. L'air y est bon, les promenades
agreables, & on y trouve assez de divertis-
sement. D'icy on se met sur l'eau, jusques à
la pointe où la Riviere de Sarthe entre dans
la Loire, & puis on monte jusques à

ANGERS.

C'est la Ville Capitale du Païs d'Anjou,

dont Cefar fait une honorable mention,
fous le nom d'*Andres*. Cette Province a eü
fes Comtes particuliers, defquels la troifiéme Race des Roys de France affife aujourd'huy fur le Trône, a pris fon origine;
de mefme que les Roys d'Angleterre qui
commandent aujourd'huy dans cette Ifle.
L'origine des Roys de France fe prend de
Robert dit le Fort ou le Grand, Marquis de
France, qui fut le premier Comte d'Anjou,
fous le Regne de Charles le Chauve, &
Pere du Roy Eude de la deuxiéme Race.
Eude eut Robert Pere de Hugues le Grand,
Comte de Paris & d'Anjou, qui eut pour
Fils Hugues Capet, qui eft le premier Roy
de la troifiéme Race.

Quant à la Race des Roys d'Angleterre,
Foulques III. Roy de Jerufalem & Comte
d'Anjou, fut Pere de Geoffroy IV. du nom,
qui époufa Mahaut ou Mathilde, Fille de
Henry I. dit Beau-Clerc, Roy d'Angleterre
& Duc de Normandie; d'où vint Henry II.
qui fut Roy d'Angleterre, Duc de Normandie & de Guyenne, Comte d'Anjou,
de Touraine & du Maine; duquel, & d'E-
leonor Ducheffe de Guyenne, repudiée par
Louis le Jeune Roy de France, font iffus
plufieurs Roys & Princes de la Grand' Bretagne, qui ont poffedé cette Province jufques à Jean furnommé Sans-Terre, lequel

pour avoir maſſacré par trahiſon Arthus
ſon Neveu, Duc de Bretagne, Comte du
Maine & d'Anjou, en fut dépoüillé par
Philippes Auguſte, de meſme que des autres Terres qu'il tenoit à foy & hommage
de la Couronne de France.

Quelques années apres, le Roy S. Louis
donna les Comtez d'Anjou & du Maine
à Charles ſon Frere, qui fut depuis Roy de
Sicile & de Naples, Comte de Provence, &
creé Senateur de Rome par le Pape Urbain
l'an 1264. Ce Comté ayant eſté reüny à la
Couronne ſous Philippes de Valois, par la
mort de Louis ſon Frere, qui en eſtoit appa-
nagé, le Roy Jean Fils dudit Philippes de
Valois l'érigea en Pairie & Comté-Duché
en faveur de Louis ſon deuxiéme Fils l'an
1300. Il eſt temps d'entrer dans la Ville.

Angers eſt ſitué ſur la Riviere de Sarthe,
qui le diviſe en deux parties. Ses murailles
ſont fortes & bonnes, entourées de foſſez
qui ſont preſque tous à fond de cuve. On
tient que ſon Egliſe Cathedrale conſacrée à
S. Maurice, a eſté baſtie par Charlemagne,
qui fut le 23. Comte d'Anjou. Les Roys de
France portent le nom de premiers Chanoines de S. Maurice, dont le Baſtiment eſt
fort ſuperbe & fort magnifique, auquel trois
hautes Tours ſervent d'ornement, dont celle
du milieu ſemble ſuſpenduë en l'air. Dans

l'Eglife il y a plufieurs Epitaphes dignes
d'eftre confiderées, comme celles de l'E-
vefque Jean Olivier, & de René Duc d'Anjou & Roy de Sicile, qui defcendoit en
droite ligne de Louis Fils du Roy Iean.

Louis II. Duc d'Anjou, Fils de Louis I.
qui eut pour Pere le Roy Iean, y érigea une
Univerfité de Droit l'an 1348. Henry auffi
Duc d'Anjou, Frere de Charles IX. y adjoufta la Faculté de Medecine. Elle a produit plufieurs grands Perfonnages en divers
temps, comme Poget Chancelier de France,
Lazare le Baïf, François Baldoüin, Eghi-
nard Baron, Iean Bodin, & autres.

Le Chafteau eft l'une des meilleures
Places de France: Il eft entouré de Foffez tres
profonds dans le Roc, defendus de 18. Tours
coupées dans le mefme Roc. Quelques-uns
en attribuënt la fondation à Bertrade Femme de Foulques Rechin Comte d'Anjou,
fous le regne du Roy Philippes I. On y
voit quantité d'Infcriptions, que l'on peut
copier, felon la fantaifie.

Pres d'Angers il y a une Maifon de plaifance, appellée Reculée, baftie par René
Duc d'Anjou, où l'on fe va divertir. Et à
l'endroit que l'on appelle Grohan, on voit
les ruines d'un Amphiteatre que les Romains y firent baftir ; ce qui fe remarque
par quelques Medailles que l'on y a trou-

vées, portans les noms & effigies de quelques Empereurs.

Il y a des Autheurs qui asseurent que Iules Cesar estant és Gaules, fit bastir à une lieuë d'Angers les Ponts de Cée, & pour cela ils les ont appellez *Pontes Cæsaris*.

Lucain décrivant l'assiette de la Ville d'Angers, qui joüit du titre d'Evesché, parle en ces termes.

In ripis Meduanatuis, marcere perusus
Andus, jam placida Ligeri recreatur ab unda.

C'est encore une Ville que les Etrangers frequentent beaucoup, pour y faire leurs Exercices. On y vit assez à bon marché; & ceux qui aiment les Vins blancs, se peuvent aisément satisfaire. D'icy on se laisse porter par eau jusques à

NANTES.

C'estoit autrefois la Ville capitale & la demeure des anciens Comtes de Bretagne, qui fut premierement gouvernée par ses Roys, & en suite par ses Ducs particuliers. Il y en a qui tiennent qu'elle fut érigée en Duché par Henry II. Roy d'Angleterre: D'autres disent que ce fut par Philippes le Bel l'an 1297. Enfin elle a esté possedée par ses Ducs jusques en l'an 1488. que deceda François dernier Duc, Pere d'Anne de

Bretagne

Bretagne, laquelle ayant épousé en premieres nopces Charles VIII. & puis Louis XII.
la Duché fut annexée à la Couronne de
France, par le Mariage de Madame Claude
sa Fille aisnée avec François I.

On appelloit les Peuples de ce Pays
Armoriques, & Cesar dit que ceux de Nantes se liguerent avec ceux de Vannes contre
les Romains, comme l'une des plus anciennes & des plus puissantes Villes de la Contrée. La Ville est scituée sur la Riviere de
Loire; elle est d'une grandeur assez considerable, fort populeuse & fort marchande
à cause de son Port. Les Fauxbourgs y
sont fort beaux & fort grands. Son Chasteau merite que les Etrangers le conside-
rent, & son Eglise Cathedrale n'est pas indigne de leur curiosité. D'icy je leur conseillerois de passer à

RENNES.

C'est à present la Capitale de toute la
Bretagne, scize sur la Riviere de Vilaine.
Depuis que la Province fut érigée en Duché, ses Ducs y faisoient leur séjour ordinaire, & y recevoient l'investiture de cette
qualité. Cesar en fait une fort honnorable
mention, sous le nom de *Rhedones*. Il y a
un fort celebre Parlement pour la distribu-

tion de la Iuftice dans toute la Province. La
Ville eft affez grande, & le lieu où s'affem-
ble le Parlement eft un Baftiment fort magnifique. Son Eglife Cathedrale n'eft pas
encore dans fa derniere perfection, & il y a
apparence que quand elle fera achevée, ce
fera un des plus beaux Edifices de toute la
Province.

Ceux qui finiffent icy le petit tour, prennent le Meffager pour s'en aller à Paris;
mais ceux qui l'étendent jufques à Bordeaux, s'en retournent à Nantes, où ils
prennent le Meffager pour aller à

LA ROCHELLE.

C'eft une Ville maritime Capitale du
Pays d'Aulnix, qui fait une partie du Bas
Poitou. Avant que fes fortifications fuf-
fent ruinées par Louis XIII. qui s'en rendit
maiftre par le moyen d'une Digue qu'il fit
élever dans le Canal, c'eftoit une des plus
fortes Villes du Royaume : Elle refifta à
Charles IX. qui y avoit mis le Siege devant
avec une Armée de pres de cent mille com-
battans; mais le Ciel en refervoit la Re-
duction à Louis XIII. par l'entremife &
par le miniftere du Cardinal Duc de Richelieu, qui rendit vains tous les efforts
que les Anglois firent pour fa liberté &
pour fa confervation.

La Ville eſt toûjours dans ſon ancienne étenduë, mais il n'y reſte plus aucuns veſtiges de ſes anciennes fortifications. Son Egliſe Cathedrale a eſté faite du Temple des Huguenots, où ils faiſoient l'exercice de leur Religion. Il n'y a que quelques années que le Siege Epiſcopal qui eſtoit à Maillezez, Ville du Bas Poitou, y a eſté transferé pour des raiſons que l'on peut aiſément s'imaginer.

Les Iſles de Rhé & d'Oleron qui ſont au voiſinage meritent d'eſtre viſitées, & en ſuite on ſe met en Batteau pour aller ſur un Canal juſques à deux lieuës de Royan ſur la Riviere de Gironne, où on prend la commodité de la Marée ou du Flux de la Mer, pour ſe laiſſer porter à

BOVRDEAVX.

C'eſt la Metropolitaine de toute la Guyenne ou Aquitaine, qui fut long-temps poſſedée par les Viſigots, juſqu'à ce que Clovis I. la prit ſur eux & la réunit à la Couronne. Charlemagne en ayant chaſſé les Sarrazins qui s'en eſtoient emparez, y établit des Comtes & des Gouverneurs par tout. Louis le Debonnaire ſon Fils la retira d'entre les mains d'Eude, & Charles le Chauve la donna à Ranulphe ſon proche

Parent en titre de Duché, auquel Hugues
Capet premier Roy de la troisiéme Race,
adjoufta celuy de Pairie. Apres la mort de
Guillaume dernier Duc d'Aquitaine, cette
Province tomba entre les mains des Anglois, par le Mariage d'Eleonore fa Fille,
avec Henry I. Roy d'Angleterre, que Louis
le jeune Roy de France avoit repudiée.
Philippes Augufte la réunit à la Couronne
de France par la félonie de Iean Roy d'Angleterre: Enfuite Philippes le Bel mariant
fa Sœur à Edoüard Roy d'Angleterre, luy
donna en dot la Guyenne, laquelle fut depuis réunie à la Couronne jufqu'au Regne
de Philippes de Valois, que Henry Duc de
Lancaftre la reconquit fur les François;
mais Charles VII. ayant chaffé tous les
Anglois fe rendit Maiftre de cette Province, qui a toûjours depuis demeuré fous
l'obeïffance des François.

Bordeaux eft une grande Ville fcituée fur
les bords de la Garonne. Pline & Ptoloméé
appellent ceux de Bourdeaux, *Bituriges vi-
vifci*, à la différence de ceux de Bourges,
que Cefar nomme *Bituriges Cubi*. Aufone,
natif de cette Ville, l'appelle *vivifque*, &
en parle en ces termes.

Hæc ego vivifca ducens ab origine gentem.
Sans nous amufer à l'étymologie du nom
Burdegala que l'on luy donne aujourd'uy.

entrons dans son Eglise Archiepiscopale dediée à S. André, qui dispute la Primatie à celle de Bourges ; Regardons sa Nef sans Pilliers, qui est un des beaux vaisseaux de France, & son Orgue une des plus magnifiques. Dans le Chœur vous y verrez une Horloge fort artistement travaillée, dont un Mouton de fonte sonne les heures, en choquant de son front le timbre: A costé de l'Eglise est le Palais Archiepiscopal fort magnifique & bien basty.

L'Université a esté l'une des plus florissante de toute la France. Ausone fait mention de plusieurs grands Personnages qui y ont fleury: comme Tiberius Victor ; Minerius que le mesme Ausone compare à Quintilien pour son éloquence, & dont S. Hierosme dit en ses Chroniques qu'il florissoit à Rome l'an de grace 359. Alcius, Belphidius dont Amian Marcelin au commencement du 18. livre de son Histoire fait une honnorable mention.

Le Parlement s'assemble dans le Chasteau de l'Umbriere, qui estoit la Maison des Ducs de Guyenne. Tout proche est la Bource où les Marchands s'assemblent, qui est un magnifique Bastiment, & à costé on voit la Maison où on bat la Monnoye.

L'Hostel de Ville est un des beaux ornemens de Bourdeaux, où il y a beaucoup de

belles chofes à confiderer, des Statuës, des
Infcriptions, le Cachet de Neron, le Cabinet d'un Peintre du Païs-Bas, & autres fort
rares & fort curieufes : Ioignant l'Hoftel de
Ville, on trouve l'Arcenal fort bien muny
de toutes fortes de Pieces d'Artillerie.

Le Chafteau Trompette, qui eft la Maifon du Gouverneur de la Province, fut bafty
par Charles VII. apres avoir chaffé les Anglois de France : Il eft fitué fur la Garonne
& fert de defenfe à la Ville.

Proche de là on trouve le Palais, où les
Piliers Tutelle, qui eft une fort belle antiquité : C'eft un Baftiment de pierre de
taille de figure quarrée, vouté de façon
plate à l'antique, qui avoit autrefois huit
gros Piliers canelez en longueur de chaque
cofté, & fix en largeur. Le fentiment commun eft que c'eftoit un Temple bafty par
les Romains, & confacré aux Dieux Tu-
telaires.

Il y a encore le Chafteau du Ha, bafty
par le mefme Charles VII. pour la defenfe
de la Ville du cofté de Graves.

Puy-Paulin eft encore un Chafteau fitué
dans la Ville. C'eftoit la demeure des an-
ceftres de Pontius-Paulinus Evefque de
Nole dans le Royaume de Naples, qui eftoit natif de Bordeaux. Aujourd'huy il eft
poffedé par les heritiers de la Maifon d'Ef-

pernon qui l'avoit acquis. Il y a une infinité d'autres Maisons fort belles & fort
magnifiques qui rendent la Ville l'une des
plus belles de France.

Le Port que l'on appelle le Port de la
Lune, à cause qu'il est fait en Croissant,
est l'un des plus commodes & des plus seurs
de l'Europe : Ordinairement il y a grande
quantité de Vaisseaux qui y vont de toutes
parts, pour enlever les bons Vins de ce
Pays-là.

Dans l'un de ses Fauxbourgs est l'Eglise
Collegiale de S. Seurin ou Severin, où on
peut voir la Verge de S. Martial, qu'on dit
faire de grands Miracles. Dans son Cimetiere il y a une prodigieuse quantité d'anciens Tombeaux, & on tient que la pluspart des Chevaliers de Charlemagne, qui
perirent par la trahison de Ganelon, y sont
ensevelis. Parmy ces Tombeaux, il y en a
un élevé sur quatre petits pilliers qui se
remplit d'eau au Croissant de la Lune, jusqu'à son plein, & en suite qui se des-emplit
en décours ; mais il y en reste toûjours en
assez grande quantité : Ie laisse à philoso-
pher les Sçavans sur ce sujet.

Le Palais Galienne à quatre cens pas de
la Ville ou environ, estoit autrefois un
Amphitheatre que les Romains y éleverent.
Il estoit composé de six murailles qui vous

toûjours en abaiſsant, vers le dedans : Sa figure eſt en ovale, & on tient que cet Edifice fut baſty ſous le Regne de Galien, dont il tire ſon nom.

Proche Bordeaux, allant vers le Pays de Graves, on trouve la Maiſon des Char‑treux, l'une des plus magnifiques de France. Ioignant la Chartreuſe on voit le Palais du Cardinal de Sourdis Archeveſque de cette Ville, accompagné d'un fort beau Iardin, pratiqué ſur le modele de celuy des Thil‑leries à Paris, que l'on appelle vulgaire‑ment les Allées de Monſieur le Cardinal; cet ouvrage eſt l'un des plus beaux du Pays; Sa ſtructure eſt magnifique, les Fontaines & les jets d'eau admirables, les Peintures des plus rares & des plus curieuſes. Il y a une infinité d'Inſcriptions fort ſpirituelles qui expliquent l'Hiſtoire repreſentée dans les Portraits. Dans la Chapelle on y voit un Tableau fait par S. Luc Evangeliſte, qui eſt une piece fort rare.

Voila à peu pres ce qu'il y a à conſiderer dans Bordeaux, où on borne les limites les plus étenduës du petit Tour. D'icy on s'en retourne ordinairement à Paris; & parce qu'en chemin faiſant il y a quelques Villes à conſiderer, l'ordre veut que nous en parlions auparavant que de faire la deſ‑cription du grand Tour.

De

De Bordeaux, on va ſur la Riviere à
Blaye, dont la Citadelle merite d'eſtre
conſiderée. D'icy on paſſe à

XAINTES.

C'eſt la Ville Capitale de Xaintonge,
dont les Peuples, ſelon le témoignage de
Ceſar, furent cottiſez dans la commune Ligue contre les Romains, à douze mille
hommes. Cette Province avoit ſes Comtes
particuliers, de meſme que la pluſpart des
autres de France, dont les Gouverneurs
s'eſtoient rendus les maiſtres, & en diſpo-
ſoient comme de leur patrimoine ; mais
enfin elle fut réünie à la Couronne, & Philippes de Valois la donna en appanage à
Charles ſon frere.

Cette Ville eſt baſtie ſur la Riviere de
Charente, où il y a un fort beau Pont qui
la traverſe : Elle eſt d'une grandeur aſſez
conſiderable & bien peuplée : Ptolomée,
Pline, & Strabon l'appellent *Mediolanum
Sanctonum*. Ammian Marcelin qui écri-
voit du temps de Iulien l'Apoſtat Gouverneur des Gaules, la met entre les premieres
& les plus anciennes Villes de la Guyenne.

Son Egliſe Cathedrale eſt l'une des plus
magnifiques, à laquelle Pepin Roy de
France, joignit un des beaux Clochers de

toute la Guyenne, qui luy fert d'un grand
ornement. Il y a encore de fort beaux
reftes de la magnificence des Romains;
comme les ruines d'un Amphitheatre hors
la Ville, & quelques Aqueducs & Canaux
que l'on rencontre fur le chemin de S. Iean
d'Angely; ce qu'il y a encore de plus confiderable, eft un Arc fort ancien fur le Pont
de Charente, vis-à-vis les murailles de la
Ville, où on voit quelques Infcriptions des
Romains, que l'injure du temps a en partie
gaftées.

Mors etiam faxis nominibusque venit.
D'icy fuivant le cours de la Riviere de
Charente, on peut monter jufques à

ANGOVLESME.

C'eft la Ville Capitale de l'Angoulmois,
où fe donna cette Bataille fi celebre par
Clovis I. à Alaric Roy des Vifigoths qu'il
tua de fa propre main. Ce Pays a eu long-
temps fes Comtes hereditaires, & a changé
fouvent de Maiftre, comme on peut remarquer dans l'Hiftoire de France. François I.
à qui ce Comté appartenoit, apres eftre
parvenu à la Couronne, l'érigea en Duché,
qu'il donna en appanage à Charles fon
troifiéme Fils, lequel eftant mort fans enfans, le Duché fut réüny à la Couronne.

La Ville est située sur le sommet d'une Montagne, entre les Rivieres d'Angeine & de Charante. Il n'y a qu'une avenuë à laquelle le Chasteau ceint d'un double fossé sert de fortification.

On tient que son Eglise Cathedrale est bastie dés la Primitive Eglise, & c'est l'une des plus magnifiques de toute la Guyenne, dont le Clocher est une haute Tour avec une Eguille des plus exhaussées qui se voyent. Le grand Clovis fit embellir cette Eglise d'une magnifique architecture.

Hors la Ville, il y a l'Abbaye de S. Cibard, ornée d'un beau Pont sur la Charente qui arrose ses murailles ; c'estoit le lieu où ce Saint Solitaire se retiroit, que le Roy Aribert honora du titre d'Abbaye. Charlemagne l'embellit de ses liberalitez, & les Comtes d'Angoulesme y établirent leur Sepulture. Les Sources de la Riviere de Touvre meritent d'estre veuës, & il y a des choses assez remarquables à considerer. On disoit autrefois que cette Riviere estoit tapissée de Cygnes, pavée de Truites, & bordée d'Ecrevisse. D'icy il faut passer à

PERIGVEVX.

C'est la Ville Capitale du Comté de Perigord, dont les Peuples sont appellez par

Cefar *Petrocorij*, qui furent cottifez dans la Ligue commune des Gaules contre les Romains à cinq mille hommes. Cette Province a eu long-temps fes Comtes particuliers ; mais enfin elle a efté unie à la Couronne de France. Perigueux eft fitué en plate Campagne, mais environné de tous coftez de cotaux & de colines couvertes de vignobles : Il eft divifé en deux Villes diftantes l'une de l'autre d'environ cent pas, dont l'ancienne, qui eft la demeure de l'Evefque, eft appellée la Cité, & l'autre la Ville. Les Romains l'appelloient *Vefune*, d'un Temple de la Déeffe Vénus qui y eftoit, & il y a encore aujourd'huy une Tour appellée *Vifonne*.

L'Eglife Cathedrale dediée à S. Eftienne, eft remarquable par une voute à deux faces & par une pyramide élevée en façon de Clocher, fur une haute Tour quarrée.

L'on voit encore dans Perigueux de fort beaux reftes de l'antiquité & de la magnificence des anciens Romains : Il y a une Tour de forme ronde, épaiffe d'une toife & haute de plus de cent pieds, enduite par dedans d'un ciment fait de chaux & de tuile, garnie par tout au dehors de gros cloux & de crochets de fer, fans apparence d'aucune porte ny feneftre, ce qui fait douter de l'ufage auquel elle eftoit deftinée par les Ro-

mains : On croit pourtant que c'eſtoit un
Temple de Vénus, ce que l'on infere de
deux chemins voutez & ſouterrains qui
conduiſent au dedans. Aupres de cette
Tour on voit encore les ruines d'un Amphitheatre fort magnifique, que l'on appelle
communément les Roſphies, & en Latin
Caſtra Rolphij, fait en ovale, & d'une architecture pareille. On trouve encore au dedans quelques reſtes & quelques marques
des Cages où l'on enfermoit les Beſtes
deſtinées au combat. Il y a encore à Perigueux les reſtes de pluſieurs Colomnes antiques, d'Architraves, de Chapiteaux, de
Soubaſſemens, de Statuës rompuës, de
Pierres gravées, & d'autres Antiquitez &
Inſcriptions tant Gréques que Latines.

L'Hoſtel-Dieu joignant la Riviere de
l'Iſle, ſur laquelle il y a un beau Pont qui
communique aux Fauxbourgs, merite d'e-
ſtre veu, pour paſſer enſuite à

LIMOGES.

C'eſt la Ville principale du Limoſin, dont
les Peuples, ſelon Ceſar, furent cottiſez à
dix mille hommes dans la Ligue contre les
Romains. Cette Province eſt diviſée en
deux Parties, dont la premiere qui eſt le
haut Limoſin a le titre de Vicomté ; & la

seconde que l'on appelle la Marche, ou Bas
Limosin, porte celuy de Comté.

La Ville que les Latins appellent *Lemo-
uices*, de mesme que les Peuples de ce Pays,
est située en partie sur la croupe d'une petite coline, & en partie dans un vallon, sur
la Riviere de Vienne : Il y a au lieu où elle
est plus élevée, une Fontaine dont les eaux
se répandent dans toutes les ruës par douze
beaux canaux, & font que la Ville est toûjours fort propre & fort nette.

L'Eglise Cathedrale merite d'estre veuë,
de mesme que l'Abbaye de S. Martial, où
se remarque le lieu auquel les anciens Idoles des Payens estoient adorez, dont on a
basty aujourd'huy une Chapelle consacrée
au vray Dieu. L'Horloge a quelque chose
d'assez beau pour mer ter la curiosité de
ceux qui passent par ce Pays : Il y a encore
dans la mesme Abbaye une Fontaine dont
le bassin est fait d'un marbre noir fort ancien, & ses eaux sont considerables par leurs
qualitez naturelles, pource qu'elles sont
medecinales, & que les Couteliers s'en
servent pour donner la trempe à leurs ouvrages, & la couleur bleuë aux manches de
cuivre de leurs Couteaux, dont ils font
grand commerce en Turquie.

Bien que la Ville soit fortifiée de bonnes
murailles & entourée de profonds fossez,

il y a encore pour fa defenfe deux Forts
affez confiderables, dont l'un porte le nom
de S. Martial, & l'autre celuy de S. Martin.
Iean Dorat Poëte illuftre, & Marc-An-
toine de Muret, eftoient natifs de cette Ville,
d'où il eft temps de fortir pour aller ailleurs.

Ceux qui ne fe foucient pas de voir la
Ville de Poitiers, doivent pourfuivre leur
chemin droit à Bourges, Orleans & Paris,
dont nous avons parlé ; mais je ne confeil-
lerois pas à un Étranger, de negliger une
Ville fi confiderable, veu mefme qu'apres
y avoir efté, on peut prendre le chemin de
Bourges ; autrement le droit chemin de
Bordeaux à Paris, feroit de paffer de
Xainte à

POITIERS.

C'eft la Ville Capitale du Poitou, dont
les Habitans, que les Latins appellent
Pictones, furent cottifez au rapport de Cefar
à 8000. hommes dans la Ligue contre les
Romains. Lucain en parle de la forte.

Pictones immunes fubigunt fua rura.

Ce Païs a efté en divers temps poffedé par
plufieurs differentes Nations ; car les Romains, les Goths, les Vandales, les Huns,
& les Danois, les Saxons & les Normands,
s'en rendirent fucceffivement les maiftres.
Clovis I. en chaffa les Vifigoths qui occu-

poient toute la Guyenne. Depuis Charles
le Chauve donna la Guyenne en titre de
Duché, & le Poitou en titre de Comté à
Arnoul fon Parent, dont les Succeffeurs
poffederent ces deux belles Provinces jufques au temps d'Eleonor, Fille unique de
Guillaume IV. qui fut mariée à Louis VII.
dit le jeune, & en fuite à Henry Roy d'Angleterre: Par ce moyen les Anglois enfu-
rent les maiftres, jufques au temps de Iean
fon Fils, dit Sans-Terre, fur lequel Philippes Augufte les confifqua. Louis Hutin
érigea le Poitou en Pairie, ayant efté déja
érigé en Duché par S. Louis, lequel tomba
encore fous la domination des Anglois, par
le Mariage de la Fille dudit Louis Hutin.
Ce Mariage donna lieu aux Anglois fous
des pretentions imaginaires, d'afpirer à
toute la France, & d'armer contre Philippes de Valois fous leur Roy Edoüard III.
comme vous pouvez voir dans l'Hiftoire
de ce Roy, dont le Roy Iean fon Fils fut
pris par les Anglois proche Poitiers; mais
Charles VII. les ayant chaffez hors de
France, ce Pays fut réuny à la Couronne.

Poitiers eft la plus grande Ville du
Royaume apres Paris; il eft vray qu'elle
n'eft pas baftie par tout, & que dans l'enceinte de la Ville, il y a des Prairies, des
Vignes & des Terres que l'on laboure.

L'Eglise Cathedrale dediée à S. Pierre eſt un Baſtiment des plus celebres & des plus exhauſſés qui ſoient en France. Celle de S. Hilaire Patron de la Ville, dont les Roys de France ſont premiers Chanoines, eſt encore conſiderable.

Charles VII. y fonda une Univerſité apres avoir chaſſé les Anglois de France, qui fut confirmé par le Pape Eugene IV. dont Scaliger parle en des termes fort honnorables.

On voit encore à Poitiers les ruines d'un Palais que l'on dit avoir eſté baſty par l'Empereur Galien, dont la longueur & la largeur ſurpaſſent celle de tous les Edifices qui ſont en France; C'eſtoit autrefois la demeure des Comtes de Poitiers, ſur le portail duquel on voit la dépoüille d'un Crocodille, qui ſe tenant caché dans une Cave devora pluſieurs Perſonnes & fut enfin tué d'un coup de fuſil par un Homme condamné à la mort.

Proche ce Palais, on voit les Arenes, les Cavernes & les Foſſes voutées où l'on gardoit les Lyons, les Ours, les Leopards & autres Beſtes, pour le Combat contre les Gladiateurs, & pour le divertiſſement du Peuple; on y voit encore les Aqueducs qui conduiſoient les eaux dans ce Palais.

A une demy lieuë de la Ville, ſur le che-

min de Bourges, il y a une groſſe pierre
quarrée de 25. pieds de longueur, & de 17.
de largeur, ſoûtenuë de cinq autres pierres
plus petites, dite vulgairement la Pierre
levée, dont Rabelais parle facetieuſement
à ſon ordinaire dans ſon Hiſtoire de Panta-
gruel & de Gargantua. On voit ſur ladite
pierre le Diſtique ſuivant.

Hinc lapis ingentem ſuperat gravitate Coloſſum,
  Ponderis & grandi ſidera mole petit.

On va de toutes parts à Poitiers querir des
Viperes pour la confection de la Theriaque,
que l'on tranſporte juſqu'à Veniſe, où ſe
fait la meilleure. D'icy on pourſuit ſon
chemin à Paris, paſſant par Chaſtelerault,
qui n'a rien de conſiderable, que la Manufacture des Couſteaux & des Cizeaux, par
le Port de Pile, Amboiſe, Blois & Orleans,
dont nous avons parlé.

Ceux qui n'auront point veu Chartres,
peuvent y aller de Blois, paſſant par Chaſ-
teaudun ; & comme nous en avons déja
fait la deſcription, nous paſſerons à celle du
grand Tour, qui fera la cloſture de cet
Ouvrage.

Description du grand Tour.

NOus avons étendu les plus grandes limites du petit Tour jufques à Bordeaux, par où nous commencerons à décrire le grand Tour.

On monte donc de Bordeaux fur la Riviere de Garonne, & on paffe par Cadillac, où il y a une des belles Maifons de France, dont la magnificence ne cede en rien à Richelieu : En fuite par Langon, S. Machaire, la Reolle, Marmande, Tonnains, Aiguillon Duché, Port Sainte Marie, &

A G E N.

C'eft la Ville principale du Comté d'Agenois, qui fait une partie de la Guyenne: Elle eft d'une grandeur confiderable, située dans une vafte Plaine, proche de la Riviere de Garonne. Les Gouverneurs de la Province y font ordinairement leur féjour; car elle eft comme au milieu, & la demeure en eft commode & agreable. Il y a de fort belles Places publiques & des Maifons bien bafties.

L'Eglife Cathedrale dediée à S. Eftienne eft affez magnifique, à laquelle une groffe

Tour fort exhauſſée ſert de Clocher : Il y
en a encore une deuxiéme où il y a un Chà-
pitre de Chanoines , dont la ſtructure eſt
fort belle.

Proche la Ville il y reſte encore quelques
pilliers qui marquent qu'autrefois il y avoit
un Pont, & que la Riviere lavoit de ſes eaux
les bords de ſes murailles. D'icy on peut
paſſer à

CAHORS.

C'eſt la Capitale Ville du Quercy, dont
Ceſar appelle les Peuples *Cadurci*, d'où eſt
venu celuy de Cahors, & en ſuite celuy de
Quercy. Ce meſme Autheur dit qu'ils
furent cottiſez à 12000 hommes , & les
Roys de France de la troiſiéme Race, ont
fait de ce Pays une des principales pieces de
la Comté de Toulouſe.

La Ville eſt ſituée ſur le ſommet d'une
colline , limitée d'un coſté d'un profond
valon , & de l'autre de la Riviere du Lot
qui arroſe ſes murailles.

L'Egliſe Cathedrale dediée à S. Eſtienne
eſt aſſez magnifique ; & les Eveſques qui
portent le titre de Comtes, lorsqu'ils diſent
ſolemnellement la Meſſe , ont la préroga-
gative d'avoir l'Epée, les Gantelets , & la
Bourguignote ſur l'Autel, avec les Bottines
aux jambes.

Il y a une Université que l'on croit avoir
esté fondée par le Pape Iean XXII. natif de
cette Ville, que nous quitterons pour aller à

MONTAVBAN.

C'eſt une Ville du Quercy, dont l'aſſiette
eſt des plus avantageuſe ; car elle eſt ſituée
ſur la croupe d'une Montagne qui forme une
belle Plaine, au pied de laquelle la Riviere
de Tarn paſſe : De l'autre coſté il y a encore
un beau Fauxbourg appéllé Ville-Bourbon,
ſitué auſſi dans une grande Plaine, mais
beaucoup plus baſſe que la premiere. La
Riviere qui les ſepare les joint par un Pont
qu'il y a. Auparavant que ſes fortifications
fuſſent démolies, c'eſtoit l'une des plus
fortes Places de France, dont ceux de la Religion s'emparerent. Cette Ville eſt remarquable pour avoir eſté le Tombeau de
trois grands Capitaines, ſçavoir de Ponton
& de la Hire ſous Charles VII. & de
Henry de Lorraine, Duc de Mayenne, ſous
Louis XIII. On a fait depuis quelques années l'Egliſe Cathedrale du Temple qui
appartenoit aux Huguenots, qui eſt fort
magnifique. Ceux qui ne veulent pas
paſſer à Cahors vont tout droit d'Agen à
Montauban ; & on peut ſans paſſer par
cette Ville, aller d'Agen toûjours ſur le bord

de la Riviere à Castel-Sarrasius, qui est une petite Ville fort ancienne, & qu'on croit avoir esté bastie par les Sarrasins, qui n'est qu'à deux lieuës de Montauban, & ensuite à

THOVLOVSE.

C'est la Ville Capitale du Languedoc, dont les Romains faisoient une partie de la Gaule Narbonnoise, qu'ils appelloient par excellence la seconde Italie. Les Visi-sigots en ayant chassé les Romains, firent leur Ville Capitale Toulouse, jusqu'au Regne du grand Clovis qui se soûmit cette belle Province.

Aimonius dit que Charlemagne y établit des Gouverneurs, qui furent appellez Comtes de Toulouse ; & Hugues Capet à son avenement à la Couronne, choisit ces Comtes pour tenir rang entre les six Pairs de France Laïcs, lesquels possederent ce grand Domaine jusqu'au Regne de S. Louis; car Alphonse son Frere ayant épousé Ieanne, Fille unique de Raymond dernier Comte, eux estant decedez sans Enfans, le Comté fut uny à la Couronne.

La Ville est située sur la Riviere de Garonne, dont on appelloit les Peuples *Tectolages*. Son Eglise Archiepiscopale, dediée à S. Estienne est fort magnifique: Vous y

verrez quantité d'Epitaphes que vous pouvez recüeillir si vous voulez. Dans la Tour
qui sert de Clocher, il y a une des plus
grandes Cloches qui soient en France, dont
le diametre est de douze pieds & le tour de
trente-six; on l'appelle vulgairement Car-
daillat. Celle de S. Saturnin, Collegiale,
est d'une structure admirable, composée de
cinq voutes, soûtenuë de soixante gros Pilliers, disposez de sorte qu'il n'y a point d'endroit où l'on se puisse mettre à couvert des
coups de Mousquet, ou de Fleches, ou de
Pierre que l'on tire d'enhaut : Elle sert de
Citadelle à la Ville, sur le haut de laquelle
il y a quantité de pieces de Canon. Cette
Eglise est venerable par le nombre de ses
Reliques, & on tient qu'il y a jusques à huit
Corps Saints; On dit de plus que la Sain-
teté de ce lieu est si grande , que la terre ne
sçauroit souffrir que les Corps des Personnes qui meurent dans la grace de Dieu, &
qu'elle rejette hors de leur Fosse ceux qui
meurent en mauvais estat; aussi y voit-on
en vieux caracteres cette Inscription.

Omnia si lustres aliena climata terræ.
Non est in toto sanctior orbe locus.

On tient que la Daurade, qui est un Prieuré
dedié à la Sainte Vierge , est basty au lieu
d'un ancien Temple de Iupiter Ammon,
que les Habitans adoroient sous la forme

d'un Bellier. Il y a une Cave dans l'Eglife des Cordeliers, qui a cette proprieté que les Corps que l'on y met ne fe confomment point; en effet j'y en ay veu quantité qui font encore en leur entier, quoy qu'enfeuelis depuis plufieurs années. Celle des Jacobins eft honnorée du Corps de S. Thomas d'Aquin; & on voit dans celle des Auguftins la Sepulture des Comtes & des Princes de Guyenne.

L'Univerfité de Thouloufe eft l'une des plus celebres de France, dont on tient que Raymond fon dernier Comte a jetté les premiers fondemens.

On compte vulgairement quatre Merveilles dans Thouloufe; fçavoir l'Eglife de S. Saturnin, la Belle-Paule, enfevelie dans la Cave des Cordeliers, Matoulin Joüeur d'Inftrumens, & le Bafacle, qui eft un Moulin fur la Garonne, compofé de quinze Meules à moudre du Bled, l'une à fuite de l'autre, fous un mefme couvert.

Le Pont qui eft fur la Riviere, eft en partie bafty de pierre, & en partie de bois, affemblé par une groffe chaifne de fer; il eft tout couvert par en haut, & ne fert de paffage qu'aux Gens de pied.

Le Parlement qui eft l'un des plus celebre de France, fondé par Charles VII. tient au lieu où eftoit autrefois le Capitole, dont

dont ceux de Thoulouſe avoient droit.

L'Hoſtel de Ville que ceux de Thoulouſe appellent le Capitole, de meſme que les Eſchevins, Capitouls, merite d'eſtre veu; Il y a pluſieurs Statuës & Inſcriptions fort curieuſes.

L'Arſenal n'eſt pas indigne de la curioſité des Etrangers, qui ſe pourront divertir par la lecture de quantité d'Inſcriptions qu'ils y trouveront, & par la veuë de beaucoup de choſes aſſez rares & aſſez curieuſes. Apres avoir veu cette belle Ville, il faut prendre ſon chemin paſſant par Caſtelnaudary & Carcaſſonne, où on fait de beaux Draps, qui ſont deux Villes aſſez jolies, droit à

NARBONNE.

C'eſtoit la principale Ville de cette partie des Gaules que les Romains appelloient *Narbonnoiſe* ou *Bracquate*, & ſon Archeveſché eſt beaucoup plus ancien que celuy de Toulouſe.

La Ville eſt ſituée ſur l'embouchure de la Riviere d'Aude, qui jette ſes eaux dans la Mer Mediterranée. Ces Peuples s'appelloient *Attacini* de cette meſme Riviere que les Latins appellent *Atax*, & Merule appelle Narbonne, *Civitas Atacinorum*. Ciceron dans l'Oraiſon pour Frontejus, en

M.

parle de la forte. *Eſt in ea Provincia Narbo Martius, Colonia noſtrorum Civium, ſpecula Populi Romani, ac propugnaculum iſtis ipſis Nationibus oppoſitum & objeɛtum.* Il l'appelle *Narbo Martius*, de ce que Q. Martius y mena la premiere Peuplade & Colonie Romaine, avec M. Portius Caton, environ l'an 636. de la fondation de Rome. Les Romains ont toûjours fait grand eſtat de cette Ville, & l'ont traitée fort favorablement ; car les Proconſuls qui y firent leur demeure, l'honnorerent d'un Capitole, d'un Amphitheatre, d'Eſcoles Municipales, de Bains, d'Aqueducs & d'autres marques de la majeſté Romaine.

Son Egliſe Archiepiſcopale eſt fort magnifique, & ſon Orgue eſt l'une des plus belles de France : Vous y pouvez remarquer quantité de Tombeaux de Cardinaux, d'Archeveſques & d'Eveſques, de meſme que celuy de Philippes le Hardy, qui mourut d'une fiévre chaude à Perpignan : Il eſt élevé au milieu du Chœur avec ſa Statuë de marbre noir ; On monte par quatre cens marches à ſon Clocher, d'où l'on découvre bien avant les Plaines délicieuſes qui ſont aux environs de la Ville.

Sur le Port on voit comme un Autel, ou plûtoſt comme une Statuë, qui eſt un reſte de l'antiquité, de meſme que ce grand marbre qui eſt dans le Palais Archiepiſcopal.

On tient que l'Arcenal dans lequel il y a plus de cent pieces de Canon, eſtoit l'ancien Capitole que les Romains y firent baſtir, pour gratifier ceux de Narbonne, & l'on voit dans la Maiſon de la Croix blanche quelques ruines & quelques mazures de l'Amphitheatre que les Romains y éleverent pour le divertiſſement du Peuple.

Cette Place eſt l'une des plus fortes de France; elle eſt environnée de tous coſtez de marais qui en rendent les approches difficiles, & ſes foſſez fort profonds & remplis d'eau, ſont defendus par des murailles fort épaiſſes, & par quantité de beaux baſtions.

D'icy on peut faire un petit tour, & voir quelques Villes du Bas Languedoc; comme Beziers, Eveſché; Pezenas, la demeure ordinaire des Gouverneurs de la Province & où les Eſtats s'aſſemblent; Agde, Eveſché; Frontignan, où ſont les bons Vins Muſcats, & en ſuite paſſer à

MONTPELLIER.

Qui eſt l'une des plus agreables Villes du Languedoc: Il y a un Eveſché & une Univerſité, dont les Ecoles de Medecine floriſſent par tout le Royaume. Ceux qui af-

fectent la fimplicité trouveront icy dequoy
fe fatisfaire ; car il y a plufieurs beaux Iardins remplis de Simples fort curieux pour
l'ufage de la Medecine.

Il y a une belle Citadelle que Louis XIII.
ofta à ceux de la Religion qui s'eftoient emparez de cette Ville. Le Peuple y eft doux
& humain, principalement les Filles qui
font des plus belles de France, à qui il eft
bien difficile de ne donner pas fon cœur.
Sortons-en crainte de l'y laiffer, & allons
voir les antiquitez de

N I S M E S.

On trouve dans cette Ville plufieurs
belles antiquitez des Romains, qui firent
conftruire des Amphitheatres, des Fontaines, des Aqueducs, des Sepulchres, & autres Baftimens : Ceux du Pays eftoient dans
une telle confideration aux Romains, qu'ils
joüiffoient des droicts & Privileges de ceux
de Rome ; car ils ne répondoient point devant les Prefects & Gouverneurs qui y eftoient envoyez de cette Ville.

On y voit les reftes de ces antiquitez, avec
le Cap-Dueil, que l'on dit avoir efté un
Temple que l'Empereur Adrian fit baftir,
qui eft un Edifice fait en forme quarrée. Il
y a encore quelques vieilles Statuës, qui

marquent l'eftime que le Peuple Romain faifoit de cette Ville, que nous quitterons pour aller à

AVIGNON.

C'eft la Ville Capitale du Comté de Venifſy, enclavé dans la Provence, qui appartient au Pape. Ce Comté eſt tombé entre les mains du Pontife Romain, par la vente qu'en fit Ieanne Reyne de Sicile & de Naples, & Comteſſe de Provence ; car cette Princeſſe Fille de Robert Roy de Sicile, ayant fait étrangler André ſon Mary, ſe retira à Avignon, où elle épouſa Louis, Prince de Tarente, & traitta avec le Pape du Comté de Venifſy, à condition d'une penſion annuelle, & qu'il la ſecourreroit dans le recouvrement de ſes Eſtats, dans leſquels elle fut rétablie. Ce meſme Pape Clement V. natif de Bazas en Gaſcogne, de la Maiſon des Vicomtes de Tartas, y tranſporta le Siege, à la perſuaſion de Philippes le Bel, lequel y demeura ſoixante-deux ans, ſous les Papes Iean XXII. de Cahors, Benoiſt XII. de Touloufe, Clement VI. Innocent VI. Urbain V. & Gregoire XI. qui le tranſporta derechef à Rome : Ces quatre derniers Papes eſtoient Limoſins, & vous pouvez voir en divers Autheurs le ſujet de

ce changement, qui ne fait rien à noftre
deffein.

La Ville eft fituée fur le R'hofne, laquelle
on tient avoir efté baftie par le fort d'un
certain nombre d'Efperviers, de mefme que
Rome fur un certain nombre de Veautours.
Ceux qui y apportent de ces O'yfeaux font
francs & quites des peages & autres impo-
fitions.

L'Eglife Archiepifcopale dediée à la
Vierge n'eft pas des plus grandes, mais elle
eft fort belle & fuperbe : Le dedans eft admirable, la ftructure ravit les yeux de ceux
qui la confiderent ; la lueur de l'or & de
l'argent dont le Maiftre Autel eft embelly,
éblouït la veuë de ceux qui le regardent.
On y voit onze groffes Lampes d'argent &
deux grands Chandeliers de mefme metal
qui fervent d'un grand ornement : Aux
deux coftez il y a deux Chappelles où on
voit plufieurs Tombeaux de Papes & de
Cardinaux qui y font enfevelis : Il y a encore dans cette Eglife la Chapelle de Sainte
Marthe, qu'on dit avoir efté le lieu de fa
demeure. Le Palais Archiepifcopal a tout
ce que l'Art & la Nature peuvent fournir
de rare & de curieux.

Dans l'Eglife de *S.* Martial on voit les
Tombeaux de *S.* Cafimir Roy de Pologne,
de *S.* Martial, de la Magdelaine, & d'autres

perſonnes illuſtres. Il y a dans celle des
Cordeliers, celuy de Laure la Maiſtreſſe de
Petrarque, Poëte excellent qui fut Chanoine de Noſtre-Dame d'Avignon, dont
l'Epitaphe finit par ces paroles.

Sola manet virtus; cæterà mortis erunt.

Aux Celeſtins on remarque un Autel fait
d'un beau Marbre, ſur lequel la Paſſion de
Noſtre - Seigneur eſt repreſentée : Il y a
de plus une Chapelle peinte des mains propres de René Roy de Sicile, où on voit une
toille d'Araignée qui couvre un Cercueil,
faite avec tant d'artifice, qu'il n'y a point
d'yeux qui n'y ſoient trompez. Dans cette
meſme Egliſe il y a une Chapelle où eſt le
Tombeau de Clement VII. & fort magnifique : Le Camerier de ce Pape y a auſſi le
ſien dans une autre, fait de marbre. Il y a
une troiſiéme Chapelle dans laquelle les
Papes avoient accouſtumé de dire la Meſſe,
dont on conſerve encore les ornemens dans
une Cave ſoûterraine, où il y a une Fontaine d'eau vive, & où on voit ce Diſtique,
en memoire de Louis de Valois.

Ille ego qui gnatus, patruus ſum, Frater,
    Aluuſque
Regum, non habui regia ſeptra tamen.

Si vous prenez la peine d'aller aux Minimes, vous y verrez pluſieurs Chapeaux de
Cardinaux, avec le Tombeau d'un des Ar-

chevefques d'Avignon, fur lequel eſt ſon
Epitaphe.

L'Univerſité eſt fort celebre, en laquelle
pluſieurs grands Juriſconſultes ont autrefois profeſſé le Droiçt Civil. Il y a trois
Profeſſeurs enTheologie, quatre de Droiçt,
& trois en Medecine.

L'ancien Palais qui ſervoit de demeure
aux Papes, eſt gardé par les Suiſſes. D'a-
bord on trouve une grande Salle ornée de
pluſieurs Inſcriptions en memoire des Papes qui y ont ſéjourné : en ſuite on entre
dans celle où les Papes donnoient des Audiances publiques, proche de laquelle il y a
une Tour, où eſt une Cloche d'argent, que
l'on ne ſonne jamais que quand on a les
nouvelles de la mort ou de l'élection d'un
Pape.

La Chapelle des Papes a cela de remarquable, que tous les Sieges ſont de Cyprés
fort artiſtement élabourez.

On peut encore voir l'Arcenal, la Rote,
qui eſt la Cour de Juſtice, exercée au nom
du Pape, & la Cour de la Monnoye, que
l'on y fabrique au nom de ce Pontife.

Il y a dans Avignon un endroit que l'on
appelle la Place Pie, où l'on trouve quatorze Colomnes rondes & huit qui ſont
quarrées, qu'on dit eſtre la Maiſon d'un
certain Gentilhomme qui fut bruſlé, & ſa
Maiſon

abbatuë, pour avoir voulu trahir la Ville.

Le Pont eft d'une admirable ftructure, foûtenu de vingt-trois arches, dont les deux premieres, avec la Chapelle qui eft baftie fur la troifiéme, font de la Jurifdiction du Pape, le refte appartient au Roy de France.

Il y a une chofe remarquable à Avignon, qui femble luy eftre finguliere; c'eft qu'il y a fept Portes, fept Palais, fept Paroiffes, fept Eglifes Collegiales, fept Hofpitaux, fept Convents de Religieux, & fept de Religieufes. Laiffons les prier Dieu, pour aller voir ce que font ceux de la Religion à

ORENGE.

Si on veut paffer à Oernge, qui eft une Principauté Souveraine, poffedée par les Comtes de Naffau, on ne s'en repentira pas: Elle eft tombée dans cette Maifon de cette maniere. Un nommé Bertrand Boufcon s'en eftant emparé, fes defcendans, Guillaume I Raymond I. Raymond II. lequel eftant mort fans Enfans mafles, fa Fille Marie fut mariée à Iean de Chalons auquel elle apporta en Mariage la Principauté d'Orenge : De ce Mariage vint Louis, Pere de Guillaume, qui eut pour Fils Iean, fait prifonnier avec Louis XII. à la Bataille de S. Aubin. Ce Iean eut Phi-

N

libert, lequel eſtant mort ſans Enfans , fit
heritier de ſes Eſtats, René de Naſſau , ſon
Neveu, Fils de Claude ſa Sœur : Enſuite
Guillaume Frere de René luy ſucceda, qui
eut pour Fils Philippes Guillaume , qui
épouſa à Fontainebleau , du temps de
Henry IV. Eleonor de Bourbon , Sœur de
Henry de Bourbon , Prince de Condé , &
Maurice ſucceda à Philippes Guillaume ſon
Frere ; puis vint Henry Frederic, Frere de
Maurice , qui eut pour Fils Gullaume II.
le dernier mort, qui a laiſſé Guillaume III.
Les Princes d'Orenge, comme Souverains,
y font battre Monnoye , & Louis XI. per-
mit à Guillaume de Chalons, de ſe dire par
la Grace de Dieu, Prince d'Orenge.

La Ville eſt ſituée ſur la Riviere d'Ar-
gente, où il y a de beaux reſtes des anciens
Romains. On y voit un Theatre des plus
magnifiques, en forme d'Arc, dont les murailles ſont d'une architecture admirable,
avec les Cavernes où on enfermoit les
Beſtes deſtinées au Combat. Il ſe remarque encore à Orenge les reſtes d'un Aque-
duc qui communiquoit les eaux à toute la
Ville.

Orenge a une Univerſité que l'on dit
avoir eſté fondée par Charlemagne : Elle
eſt peu frequentée, parce qu'elle n'eſt que
pour ceux de la Religion, qui y ſont les plus

puiſſans, bien qu'il y ait un Eveſché.

Hors la Vile, il y a le Chaſteau à conſiderer, qui eſt une Place fort bien fortifiée,
où il y a une bonne Garniſon pour le Prince.
On y trouve un Puits creuſé dans le Rocher, ſur lequel le Chaſteau eſt baſty, qu'on
dit eſtre le plus profond & le plus large qui
ſoit en France.

Hors la Porte qui va ſur le chemin de
Lyon, on y voit l'Arc de Triomphe que
Cajus Marius y fit élever, en memoire de
la Défaite de cent quatre mille Cimbres,
ſur leſquels ce grand Capitaine remporta
une celebre Victoire. Cet Arc de Triomphe eſt d'une forme quarrée, ſur lequel ladite Victoire eſt repreſentée, avec les Batailles qui ſe donnent tant ſur Mer que ſur
Terre, & les Inſtrumens dont on ſe ſert à la
guerre, comme Boucliers, Javelots, Hale-
bardes, Piques, Cuiraſſes, Mats, Voiles, &
autres. Au deſſus de tous ces Trophées, eſt
repreſentee la Devinereſſe qui avoit prédit
à la Femme de Marius, un jour qu'elle aſ-
ſiſtoit au Combat des Gladiateurs, la Victoire qu'il devoit remporter ſur ces Bar-
bares. On tient qu'elle eſtoit de Syrie,
que Marius la conduiſoit par tout dans une
Litiere, & qu'il n'entreprenoit point de
Combat ſans l'avoir conſultée. On trouve
de plus hors la Ville un lieu qu'on appelle

Terre-ronde, où il y a à confiderer les Bains
& les Arenes. Les Bains font des Caves,
dans lefquelles il y avoit des Sources d'eau
chaude, dont Marius fe fervoit pour fe bai-
gner. Les Arenes confiftent en deux Tours,
que l'on tient eftre les reftes d'un Amphitheatre que les Romains y avoient élevé.

Enfin il y a proche de la Ville, une Fontaine, que l'on appelle vulgairement *Lave-*
con, au pied d'un Rocher, dont on dit que
les eaux font propres pour ofter la fterilité
aux Femmes, en lavant feulement les parties
qui les diftinguent des hommes, & qui les
font Femmes. Je laiffe au Lecteur d'en
croire ce qu'il luy plaira.

Le Proverbe commun qui dit qu'à
Orenge il n'y a point d'Orenge, donne lieu
à plufieurs de croire que c'eft plutoft une
Ville du Dauphiné, que de Provence ; mais
quoy qu'il en foit, il eft conftant que Mar-
tian appelle ceux d'Orenge *Arenici*, ou
Arcomici. Il s'y eft tenu deux Conciles
Oecumeniques, dont le deuxiéme décide
beaucoup de difficultez fur les matieres de
la Grace, & eft prefque tout compofé des
Paroles du grand S. Auguftin, qui en a fi
dignement écrit.

Ceux qui ne veulent pas aller jufques à
Orenge, vont d'Avignon fur le Rhône,
tout droit à

ARLES.

Auparavant que d'y arriver on passe entre Beaucaire Ville du Languedoc, & Tarascon Ville de Provence, basties l'une vis-à-vis de l'autre, separées seulement par la Riviere du Rhône, d'où est venu le Proverbe, qu'entre Beaucaire & Tarascon, il n'y paist ny Brebis, ny Mouton.

Arles a esté autrefois la Capitale de la Provence, & Chef de tout un Royaume qui portoit le mesme nom, & qui comprenoit les deux Bourgognes, la Savoye, le Lyonnois, le Dauphiné & la Provence. Aujourd'huy c'est un Archevesché de cette derniere Province, situé sur l'embouchure du Rhône, qui la divise en deux Parties. On tient qu'elle est Sœur d'origine de Marseille, que les Grecs ont bastie.

L'Eglise Archiepiscopale dediée à S. Trophime son premier Evesque, où l'on voit le Tombeau de Ferret ce grand Jurisconsulte, merite que l'on la considere : De mesme que l'Hospital que Charles IX. y fit bastir pour le soulagement des Pauvres ; & le lieu où tient le Presidial, où se voyent plusieurs belles Inscriptions.

On trouve à Arles de fort beaux restes de l'Antiquité. Le Palais de Froille estoit au trefois la demeure des Roys d'Arles, mais aujourdhuy il est presque tout ruiné. Les Arenes estoient un Amphitheatre fait en ovale, composé de soixante arcades : Les Caves où les Bestes sauvages estoient renfermées, servent aujourd'huy aux Tillerans. Au College proche l'Archevesché, on voit onze colomnes de marbre fondu, longues de soixante pieds & épaisses de quatorze, que l'on dit avoir servy au Temple de Diane, qui n'en est pas éloigné, dont il ne reste que deux Arcades. Il y a encore la Tour de Roland, qui sert d'Arcenal, & cinq Arcs de Triomphe, élevez par les Romains. Ceux qui se plaisent à voir des Inscriptions, n'ont qu'à visiter le Port, le Pont & les Portes de la Ville, où ils pourront satisfaire leur curiosité.

Hors la Ville il y a à voir l'Isle de Camargues, que l'on dit avoir esté faite par Cajus Marius dont elle tire le nom : le lieu appellé la Roquette : l'Abbaye des Religieuses du Mont Majeur : l'Eglise & le Cimetiere de S. Honnoré, où on trouvera une infinité de Tombeaux avec leurs Inscriptions fort anciennes. Outre ceux des anciens Payens, on y voit encore celuy d'un Duc de Savoye, celuy des Guisars, celuy d'un Duc de Baviere, celuy des douze Pairs de France, & celuy de Roland Neveu de Charlemagne, qui luy dressa cette Epitaphe.

Tu patriam repetis, trifti nos orbe relinquis,
Te tenet auia n:tens ; nos lacrimofa dies.
Sed quiluftra geris octo & binos fuper annos,
Ereptus terris juftus ad aftra redis.

Il s'y en voit encore d'autres faits de marbre, fur lefquels font reprefent.es diverfes Hiftoires du vieux Teftament. Nous avons aff. z long-temps demeuré parmy les Morts, allons voir ce qui fe fait à

AIX.

C'eft aujourd'huy la Capitale du Comté de Provence, qui tire fon nom du mot *Provincia*, dont les Romains l'appellerent pource que ce fut la premiere Contrée des Gaules, qu'ils reduifirent en Province. Ce Pays a eu divers Maiftres : les Vifigots, les Bourguignons & les Oftrogoths l'ont poffedé. Clovis I. s'en rendit Maiftre, Charles le Chauve le donna à Bofon fon Beaufrere : Enfuite les Empereurs d'Allemagne s'en attribuerent les Droicts jufques à l'Empereur Charles IV. qui l'aliena avec tout le Royaume d'Italie dont la Provence faifoit partie. En fuite Berenger Duc de Trioul s'en empara, & fes defcendans la poffederent jufques à Raymond fon dernier Comte, qui donna en Mariage fa Fille Marguerite à S. Louis, & fon autre Fille Beatrix à Charles Comte d'Anjou & Frere dudit Roy, laquelle apporta à ſon Mary la Comté de Provence. Cette Comté a demeuré dans cette Maiſon juſques au temps de JeanneI. Reyne de Naples, iſſuë du ſang dudit Charles & de ladite Beatrix, laquelle la donna à Louis I. Duc d'Anjou : Enfin René Duc d'Anjou, Comté de Provence, & Roy de Naples & de Sicile, petit Fils dudit Louis, ſe voyant ſans Enfans la donna au Roy Louis XI. qui l'unit à la Couronne de France.

La Ville eſt ſituée dans une vaſte Campagne fort fertile & fort agreable. Strabon en attribuë la fondation a Cajus Sextius, Conſul Romain, qui la nomma en Latin, *Aqua Sextia Salyum*, des Bains d'eau chaude qu'il y fit conſtruire.

Dans l'Egliſe Archiepiſcopale nommée S.Sauveur, on voit le lieu où l'on tient qu'anciennement on faiſoit des Sacrifices à Baal, entouré de huit colomnes d'un prix ineſtimable : Les Fonts Baptiſmaux faits d'un marbre tres-beau & tres-clair, & le Tombeau de Charles Comte d'Anjou & de Provence, & Roy de Naples & de-Sicile, avec ſon Epitaphe en Vers.

Les deux Hoſpitaux de S.Jacques & du S.Eſprit deſtinez pour le ſoulagement des Pauvres & des Malades, meritent d'eſtre

veüs ; & fi vous prenez la peine d'aller aux
Cordeliers , vous y trouverez le Tombeau
de René Roy de Sicile.

Il y a encore à voir dans Aix quelques
reftes de l'antiquité , comme Tombeaux,
Infcriptions, Colomnes , & autres chofes
que l'injure du temps a en partie ruinez.

Les anciens Bains des Romains font proche les murailles de la Ville , dont les eaux
font tiedes , meflées d'alun & de foulfre:
La Maifon que ceux d'Aix donnerent à
Monfieur de Guife, Lieutenant General du
Roy, & celle de Berier, font fort magnifiques, & embellies de quantité de Medailles,
de Tableaux, de Statuës, & d'autres reftes
de l'antiquité.

Le Parlement fe tient dans le Palais que
François I. avoit commencé , au lieu où les
anciens Comtes de Provence demeuroient,
dont on voit encore la Chambre enrichie
de quantité de belles Peintures , & toute
dorée. Laiffons ces Meffieurs décider leurs
Procez, cependant que nous prendrons le
chemin de

MARSEILLE.

C'eft une des anciennes Villes de Provence , fondée par les Grecs d'Afie , qui
fuyoient la domination de Cyrus. Les Ro-

mains en firent un eſtat fort particulier, &
la traitterent comme les autres Villes Con-
federées à l'Empire. Les bonnes Lettres
tant Grécque que Latine y florirent long-
temps, ſous les Bardes, les Eubages & les
Tectoſages qui en eſtoient les Maiſtres.
Dés le commencement ceux de Marſeille
firent baſtir un Temple à Minerve Déeſſe
des Sciences, & les Romains y envoyoient
leurs Enfans pour les faire inſtruire.

Aujourd'huy c'eſt le ſéjour des Galeres
de France, qui ſont enfermées dans un des
beaux Ports qui ſe voyent. La Ville eſt
fort grande, bien baſtie & fort bien peuplée,
à cauſe du trafic qui s'y fait d'Italie, d'Aſie
& d'Afrique.

Apres avoir veu Marſeille, je conſeille-
rois d'aller voir la Sainte Baume, qui eſt un
Lieu de Devotion où Sainte Marie Magdelaine ſe retira avec S. Maximin. Ce lieu eſt
un Deſert effroyable, conſiderable par la
Grotte où cette Sainte ſe retira pour faire ſa
penitence. Il y a un Monaſtere de Peres
Jacobins, qui eſt fort frequenté par quantité de Pelerins qui y vont de toutes parts.
Cependant qu'ils diront leur Office, allons
voir

TOVLON.

C'eſt encore une Ville de Provence, con-

fiderable par le trafic qui s'y fait & par fon
Port de Mer; On y voit ordinairement
quantité de Vaiffeaux, & c'eft icy où eft le
rendez-vous de l'Armée Navale de France,
pour les Expeditions de la Mer Mediterrannée. Je n'ay rien veu dans la Ville qui
foit fort confiderable, un jour fuffit pour
confiderer tout ce qu'il y a à voir, avec fon
Eglife Cathedrale.

Pour achever le grand Tour, il faut tra-
verfer prefque toute la Provence, fans qu'on
rencontre de Villes fort confiderables, jufques à ce que l'on foit arrivé à

GRENOBLE.

C'eft la Ville Capitale du Dauphiné,
dont Cefar appelle les Peuples, avec ceux
de Savoye, *Allobroges*, qu'il dit eftre con-
federez avec le Peuple Romain. Ce Pays
a long-temps efté gouverné par fes Princes
particuliers, jufques au Prince Humbert ou
Imbert, Dauphin de Viennois, qui du con-
fentement de l'Empereur Charles IV. le
donna apres la mort de fon Fils aifné à la
Bataille de Crecy, à Philippes de Valois, à
condition que le premier Fils de France
porteroit le Nom de Dauphin de Viennois,
& qu'il porteroit les Armes écartelées de
France & de Dauphiné, qui font d'or au

D uphin d'azur, cresté, barbillé & oreillé
de gueulles. Charles V. dit le Sage, fut le
premier qui porta le nom de Dauphin, son
Pere Iean estant Duc de Normandie lors
que la Donation en fut faite à Philippes son
Pere, par Hubert, lequel se fit Iacobin, &
est enterré dans l'Eglise des Religieux de
cet Ordre à Paris.

La Ville est située sur la Riviere d'Isere,
que les Latins appellent *Gratianopolis*, de
l'Empereur Gratian qui l'embellit & éten-
dit ses murailles. Auparavant les Empereurs Diocletian & Maximilian y firent
faire deux Portes faites de pierre de taille,
dont l'une fut appellée *Romana Iovia*, pour
gratifier Diocletian, qui s'égaloit à Iupiter,
& l'autre *Herculea*, à l'honneur de Maximilian, qui se faisoit égal à Hercule. Il y a une
Inscription sur chaque Porte en memoire
de ces deux Empereurs.

L'Eglise Episcopale est dédiée à Nostre-
Dame, est tres-ancienne & merite d'estre
veuë, de mesme que plusieurs belles Tours
qui sont dans Grenoble, principalement
celle qui joint le Pont, embellie d'une fort
belle Horloge.

Les deux Ponts & l'Arcenal ne doivent
pas estre oubliez, non plus que le Palais de
Lesdiguieres, qui est tres-magnifique, & le
lieu où se tient le Parlement, qui n'est pas

un petit ornement pour Grenoble.

Proche le Pont de Bonne, à une lieuë de Grenoble, on trouve une Fontaine qui a la proprieté de jetter sans cesse des flames & des boüillons qui consomment tout ce que l'on y approche.

A trois lieuës de Grenoble, on voit la grande Chartreuse, que S. Bruno natif de Cologne & Chanoine de Rheims, fonda dans un lieu fort solitaire : C'est une chose admirable que ces Religieux ne sentent jamais de Punaises, quoy que par tout ailleurs il y en ait en quantité. Laissons ces bons Peres dans leur Solitude, & passons à

VIENNE.

C'estoit auparavant l'etablissement du Parlement à Grenoble, la Capitale du Dauphiné, qui a pris son nom des Dauphins de Vienne, Princes Souverains de toute la Province. Ceux de Sens, que les Romains appelloient *Gaulois sennonois*, passans en Italie, environ l'an 366. de la fondation de Rome, y bastirent deux Temples, l'un en l'honneur de Mars, & l'autre à la Victoire. Depuis les Romains y mirent cinq Legions en Garnison. L. Plancus choisit ce lieu pour rafraischir ses Troupes. Jules-Cesar s'y fit faire des Greniers & des Magasins.

Auparavant Tiberinus Gracius la fortifia d'un Pont qui avoit vn Chasteau a chaque bout pour sa defense, avec une Inscription fort ancienne : On tient que Tibere y fit bastir cette haute Tour, où on dit que Pilate est mort, & l'on voit encore de grandes Pyramides dans les Vignes où estoit sa Maison. Galba honnora cette Ville de grands Privileges, pource que ses Habitans armerent contre ceux de Lyon, qui avoient pris le party de Neron. Vitellius y tenant son Lit de Justice, un Cocq luy vola sur les épaules, & ensuite sur la teste; ce qui donna occasion à une Prédiction, par laquelle il fut averty qu'il tomberoit dans quelque peril, causé par un Gaulois. En effet il fut defait par un certain Antoine, natif de Toulouse, qui avoit eu le surnom de Bec de Cocq. Suetone en parle ainsi. *Cui Tholosæ nato, cognomen in pueritia Becco fuerat, id valet Gallinaceæ rostrum.*

L'Eglise Archiepiscopale, dediée à Saint Maurice, est fort magnifique : On y monte par trente-deux marches, & au dedans on y voit la Teste de S. Maurice avec quelques Tombeaux, dont vous pourrez voir les Inscriptions. Dans le Cimetiere de l'Abbaye S. Pierre, on y voit trois Lyons de pierre d'une prodigieuse grandeur, que l'on tient estre l'ouvrage des Romains : Il y a encore

dans le mefme endroit plufieurs Tombeaux
& plufieurs Infcriptions, de mefme que
dans l'Eglife, qui font affez remarquables.
Celle de S.Sever eft encore remplie de plufieurs Infcriptions fort curieufes, de mefme
que fon Cimetiere; Elle eft baftie en un
lieu où on adoroit cent Dieux, dans lequel
il n'y avoit qu'un Arbre pour Temple, que
S.Sever fit déraciner, & fous lequel on
trouva une Tefte de Mort pleine d'or &
d'argent qui fervit pour baftir cette Eglife:
En témoignage dequoy on a élevé une Colomne, fur laquelle on lit ces Vers.

Arborem Deos Severus evertit
Centum Deorum.

On voit fur les murailles de celle de Noftre-
Dame, qui eftoit le lieu où les Romains
exerçoient leur juftice, une groffe Boule de
pierre, fur laquelle eft écrit: *C'eft le Pom-*
meau du fceptre de Pilate. Il y a encore des
Infcriptions fort anciennes dans celles de
S.Martin, & de S.Antoine.

Il y a trois Fortereffes dans Vienne, dont
l'une qui s'appelle le Temple de la Colombe, eft à un des Fauxbourgs au delà du
Pont : la feconde, que l'on nomme la Baf-
tille, eft à la Porte de Lyon ; & la troifiéme
eft celle de Piper, qui domine fur la Ville.

Le lieu où fe tient le Prefidial eft orné de
quelques Infcriptions ; & on voit dans la

Court un Arc de Triomphe à l'honneur de
Louis XIII. embelly aussi de quelques Inscriptions à la memoire de ce grand Prince.

Proche le Palais on voit la Tour d'O-
renge, qui a pris ce nom de ce qu'un Prince
de cette Maison y fut fort long-temps prisonnier; Et dans l'enceinte de la Ville il y
a un Amphitheatre presque tout entier

Le lieu que l'on nomme l'Azile, est un
Bastiment quarré fait de pierre de taille, &
soûtenu de quatre colomnes, auquel les
Armes du Gouverneur sont affichées : Il y
en a encore un autre où on travaille des
Couteaux & des Epées, qui reçoivent une
trempe merveilleuse des eaux d'une petite
Riviere appellée la Giere, qui les porte
dans le Rhône, dont le cours en montant
vous conduira droit à Lyon. Nous en a-
vons fait la description, de mesme que celle
de la Route de Lyon à Paris : Il est temps
qu'apres un si long Voyage, nous prenions
un peu de repos, & que nous en donnions
au Lecteur, pour luy faire remarquer les
autres Particularitez dont nous n'avons pas
parlé en faisant la Description de cette
grande Ville, d'autant qu'elles ne sont pas
encore dans leur derniere perfection.

De

Dequelques Particularitez dans Paris, qui ne sont pas encore dans leur derniere perfection.

PARIS ressemble à l'Affrique, qui produit presque tous les jours quelque nouveauté : Il est vray que les productions de la Libie, ont ordinairement quelque chose d'affreux, au lieu que celles de Paris n'ont rien qui ne soit charmant & délicieux. On y entreprend souvent des Ouvrages qui sont d'une grande importance ; mais il faut du temps pour les achever : Il y en a plusieurs de cette nature, dont je n'ay pas parlé en faisant la description de Paris, mais qui ne laissent pas pourtant de meriter la curiosité des Etrangers. Cela m'a obligé d'en faire un Traité particulier, afin qu'il ne manque rien à leur satisfaction. Le premier objet qui se presente à nos yeux, est

L'Arc de Triomphe.

Allant de Paris à Vincennes par la Porte S. Antoine, on trouve au bout du Fauxbourg du mesme nom, le Modelle d'un Arc

de Triomphe que l'on doit élever dans ce
mefme endroit, à la memoire de Louis XIV.
Le Deffein en eft magnifique & augufte;
mais il fera toûjours beaucoup au deffous
des Vertus de cet incomparable Monarque,
qu'on ne fçauroit reprefenter que fort im-
parfaitement, quelque artifice que l'on y
apporte. Les foins de Monfieur Colbert
luy donneront fans doute tout l'éclat & tout
le luftre poffible, pour rendre à jamais la
memoire de ce grand Prince en veneration
parmy tous les Peuples du Monde. Laif-
fons-le faire, efperons quelque chofe de
beau, & digne de la gloire de fon Maiftre:
Cependant rentrons dans Paris, & allons
voir

Le College des Quatre Nations.

La pieté & la generofité du feu Cardinal
Mazarin, premier Miniftre d'Eftat, ont
fondé ce College qui fe perfectionne tous
les jours, par les foins de Monfieur Colbert,
Executeur de fon Teftament; fa fituation
eft femblable à celle du Louvre, fur les
bords de la Seine. Ces deux Baftimens fe
regardent mutuellement, & il femble que
ce fage Miniftre ait voulu placer fon ouvrage en cet endroit, pour faire voir à tout
le monde, que tout fon éclat & toute fa

gloire viennent du Louvre, où les grandes fortunes se forment.

L'étenduë de ce College est considerable. Je n'en sçay pas précisément l'institution, c'est pourquoy je n'en parleray pas ; mais tout le monde sçait qu'il est fondé pour les François, pour les Allemans, pour les Italiens & pour les Espagnols ; c'est pourquoy il est appellé le College des Quatre Nations, duquel il est temps de sortir, pour aller voir

Le Temple d'Vranie.

Au bout du Fauxbourg S. Jacques, on trouve un Edifice élevé par les soins de Monsieur Colbert, & destiné aux Observations Astronomiques. Le vulgaire a crû que c'estoit une Citadelle, & que les Carrieres, sur lesquelles il est basty , estoient une communication au Louvre ; Mais Monsieur Buot , Precepteur du Roy pour les Mathematiques, qui en est le Directeur, détrompera ceux qui trempent dans cet erreur. Ce Bastiment est encore imparfait, mais ceux qui s'entendent és Fortifications ne jugeront jamais que ce soit une Citadelle. Sa figure & sa situation persuadent le contraire. Laissons raisonner le Peuple sur ce sujet à sa mode, & allons nous promener à la Plaine de Grenelle, pour y voir

La Maison des Soldats estropiez.

On trouve sur le chemin de Vaugirard, dans la Plaine de Grenelle, un nouveau Bastiment, destiné pour les Soldats estropiez. Le Roy aussi pieux que juste, a voulu pourvoir aux necessitez de ceux qui se rendent impuissans de gagner leur vie, pour s'estre voüez à son service : Il y en a beaucoup qui attendent avec impatience la perfection de cet Ouvrage ; & il y a apparence que les fruits de la Guerre qui se prepare donneront beaucoup de Pensionnaires à cet illustre Hospital.

Des Archeveschez & Eveschez de France.

ON compte en France quinze Archeveschez, qui ont sous eux environ cent Eveschez, qu'on appelle Suffragans, & ausquels le Roy pourvoit de sa pleine authorité. Nous les allons mettre tous par ordre, pour satisfaire à la curiosité des Estrangers qui sont bien aises de sçavoir les Titres & la Qualité des Villes du Royaume de France.

1. L'Archevesché de Lyon.

Son Archevesque est Comte & Primat des Gaules. Il a pour Suffragans.

L'Evesché d'Autun, en Bourgogne.
Son Evesque est President né & perpetuel des Estats de Bourgogne.

L'Evesché de Langres, en Champagne.
Son Evesque est Duc & Pair de France Ecclesiastique.

L'Evesché de Chalons sur Saone en Bourgogne.
Son Evesque porte le titre de Comte.

L'Evesché de Mascon.
Son Evesque ne porte point de titre particulier.

2. L'Archevesché de Sens.

Son Archevesque prend le titre de Primat des Gaules, qu'il dispute à celuy de Lyon. Il a pour Suffragans,

L'Evesché de Troyes en Champagne.
Son Evesque n'a point de titre particulier.

L'Evesché d'Auxerre, en Bourgogne.
Son Evesque n'a point de titre particulier.

L'Evesché de Nevers, en Nivernois.
Son Evesque n'a point de titre particulier.

3. L'Archevesché de Roüen.

Son Archevesque porte le titre de Primat de Normandie. Il a pour Suffragans.

L'Evesché de Bayeux.

Son Evesque n'a point de titre particulier.

L'Evesché d'Avranches.

Son Evesque n'a point de titre particulier.

L'Evesché d'Evreux.

Son Evesque n'a point de titre particulier.

L'Evesché de Seez.

Son Evesque n'a point de titre particulier.

L'Evesché de Lizieux.

Son Evesque porte le titre de Comte.

L'Evesché de Constances.

Son Evesque n'a point de titre particulier.

4. L'Archevesché de Bourdeaux.

Son Archevesque prend le titre de Primat d'Aquitaine. Il a pour Suffragans.

L'Evesché d'Agen.

Son Evesque porte le titre de Comte.

L'Evefché d'Angoulefme, en Angoulmois.

Son Evefque n'a point de titre particulier.

L'Evefché de Xaintes, en Xaintonge.
Son Evefque n'a point de titre particulier.

L'Evefché de Poitiers, en Poitou.
Son Evefque n'a point de titre particulier.

L'Evefché de Perigueux, en Perigord.
Son Evefque n'a point de titre particulier.

L'Evefché de Condom.
Son Evefque porte le titre de Comte.
L'Evefché de la Rochelle, dans le Païs d'Aulnix.
Son Evefque n'a point de titre particulier.

L'Evefché de Luçon, en Poitou.
Son Evefque porte le titre de Baron.
L'Evefché de Sarlat, en Perigord.
Son Evefque eft Seigneur de la Ville.

5. L'Archevefché de Bourges.

Son Archevefque prend la qualité de Patriarche, & de Primat d'Aquitaine, qu'il difpute à celuy de Bourdeaux. Il a pour Suffragans,

L'Evefché de Clermont, en Auvergne.

Son Evefque n'a point de titre particulier.

L'Evefché de Rhodez, en Rovergne.

Son Evefque porte le titre de Comte.

L'Evefché d'Alby, en Languedoc.

Son Evefque eft Seigneur de la Ville.

L'Evefché de Cahors, en Quercy.

Son Evefque porte le titre de Comte &
de Baron.

L'Evefché de Limoges, en Limofin.

Son Evefque n'a point de titre particulier.

L'Evefché de Mendes, en Languedoc.

Son Evefque porte le titre de Comte de
Gevaudan.

L'Evefché du Puy, en Auvergne.

Son Evefque porte le titre de Seigneur du
Puy & de Comte de Velay.

L'Evefché de Caftres, en Languedoc.

Son Evefque n'a point de titre particulier.

L'Evefché de Vabres, en Languedoc.

Son Evefque porte le titre de Comte.

L'Evefche de S. Flour, en Auvergne.

Son Evefque porte le titre de Seigneur de
la Ville.

6. *L'Archevefché d'Arles.*

Son Archevefque prend la Qualité de
Prince

Prince & de Primat. Il a pour Suffragans,
L'Evesché de Marseille.
Son Evesque n'a point de titre particulier.
L'Evesché de S. Paul trois Chasteaux.
Son Evesque porte le titre de Comte.
L'Evesché de Toulon.
Son Evesque est Seigneur de la Ville.
L'Evesché d'Orenge.
Son Evesque n'a point de titre particulier.

7. *L'Archevesché de Vienne.*

Son Archevesque prend la Qualité de Comte & de Primat. Il a pour Suffragans.
L'Evesché de Geneve.
Son Evesque porte la Qualité de Comte, & est à la Nomination du Duc de Savoye.
L'Evesché de Grenoble.
Son Evesque porte le titre de Prince, & il est President né des Estats de Dauphiné.
L'Evesché de Viviers, en Languedoc.
Son Evesque porte le titre de Comte.
Les Eveschez de Valence & de Die.
L'Evesque porte le titre de Comte de Valence & de Die.

8. *L'Archevesché de Narbonne.*

Son Archevesque porte le titre de Pri-
P

mat. Il a pour Suffragans.

L'Evefché de Beziers.

Son Evefque eſt Seigneur en partie de la Ville.

L'Evefché d'Agde.
Son Evefque porte le titre de Comte.

L'Evefché de Carcaſſonne.
Son Evefque n'a point de titre particulier.

L'Evefché de Niſmes.
Son Evefque n'a point de titre particulier.

L'Evefché de Montpellier.
Son Evefque n'a point de titre particulier.

L'Evefché de Lodeve.
Son Evefque eſt Seigneur de la Ville, & porte la qualité de Comte de Montbrun.

L'Evefche d'Vſez.
Son Evefque eſt Seigneur en partie de la Ville.

L'Evefché de S. Pons de Tomieres.
Son Evefque eſt Seigneur de la Ville,

L'Evefché d'Alet.
Son Evefque porte le titre de Comte.

9. *L'Archevefché de Tours.*

Son Archevefque n'a point de titre particulier. Il a pour Suffragans,

L'Evefché du Mans, dans le Maine.

Son Evefque n'a point de titre particulier.

L'Evefché d'Angers, en Anjou.

Son Evefque n'a point de titre particulier.

L'Evefché de Rennes, en Bretagne.

Son Evefque n'a point de titre particulier.

L'Evefché de Nantes, en Bretagne.

Son Evefque n'a point de titre particulier.

L'Evefché de Cornoüaille, en Bretagne.

Son Evefque n'a point de titre particulier.

L'Evefché de Vannes en Bretagne.

Son Evefque n'a point de titre particulier.

L'Evefché de S. Pol de Leon, en Bretagne.

Son Evefque porte le titre de Comte.

L'Evefche de Treguier, en Bretagne.

Son Evefque n'a point de titre particulier.

L'Evefché de S. Brieu, en Bretagne.

Son Evefque eft Seigneur de la Ville.

L'Evefché de S. Malo, en Bretagne.

Son Evefque eft Seigneur de la Ville.

L'Evefché de Dol, en Bretagne.

Son Evefque porte le titre de Comte.

10. *L'Archevesché de Rheims.*

Son Archevesque porte le titre de Premier Duc & Pair de France Ecclesiastique, qui sacre nos Roys. Il a pour Suffragans,

L'Evesché de Soissons, dans l'Isle de France.
Son Evesque ne porte point de titre particulier.

L'Evesché de Chalons sur Marne.
Son Evesque porte le titre de Comte & Pair de France Ecclesiastique.

L'Evesche de Laon, en Picardie.
Son Evesque porte le titre de Duc & Pair de France Ecclesiastique.

L'Evesché de Senlis, dans l'Isle de France.
Son Evesque n'a point de titre particulier.

L'Evesché de Beauvais, dans l'Isle de France.
Son Evesque porte le titre de Comte & Pair de France Ecclesiastique, Chastelain de Beauvais, & Vidame de Gebroy.

L'Evesché d'Amiens, en Picardie.
Son Evesque n'a point de titre particulier.

L'Evesché de Noyon, en Picardie.
Son Evesque porte le titre de Comte & de Pair de France Ecclesiastique.

L'Evesché de Bologne, en Picardie.
Son Evesque n'a point de titre particulier.

11. *L'Archevefché d'Aix.*

Son Archevefque n'a point de titre par-
ticulier. Il a pour Suffragans,
L'Evefché d'Apt.
. Son Evefque porte le titre de Prince.
L'Evefchè de Ries.
Son Evefque eft Seigneur de la Ville.
L'Evefché de Frejus.
Son Evefque eft Seigneur de la Ville.
L'Evefchè de Gap.
Son Evefque eft Comte & Seigneur de
la Ville.
L'Evefchè de Cifteron.
Son Evefque n'a point de titre parti-
lier.

12. *L'Archevefché d'Auch.*

Son Archevefque eft Seigneur de la
Ville. Il a pour Suffragans.
L'Evefché d'Acqs.
Son Evefque n'a point de titre particu-
lier.
L'Evefché de Letoure.
Son Evefque n'a point de titre particulier.
L'Evefché de Cominges.
Son Evefque n'a point de titre particu-
lier.

L'Evefché de Couferans.

Son Evefque n'a point de titre particulier.

L'Evefché d'Aire.

Son Evefque eft Seigneur de la Ville.

L'Evefché de Bazas.

Son Evefque n'a point de titre particulier.

L'Evefché de Tarbes, en Bigorre.

Son Evefque n'a point de titre particulier.

L'Evefché d'Oleron, en Bearn.

Son Evefque eft Seigneur de la Ville.

L'Evefché de Lefcar.

Son Evefque eft Prefident né des Eftats de Bearn, Premier Confeiller au Parlement de Navarre, ou de Pau, & Premier Baron de Bearn.

L'Evefché de Bayonne.

Son Evefque n'a point de titre particulier.

13. *L'Archevefché d'Ambrun.*

Son Archevefque porte le titre de Prince; Il a pour Suffragans,

L'Evefché de Digne.

Son Evefque n'a point de titre particulier.

L'Evesché de Grasse, en Provence.

Son Evesque n'a point de titre particulier.

L'Evesché de Vence, en Provence.

Son Evesque n'a point de titre particulier.

L'Evesché de Glandeves, en Provence.

Son Evesque est Seigneur de la Ville.

L'Evesché de Senez, en Provence.

Son Evesque est Seigneur de la Ville.

L'Evesché de Nice, en Provence.

Son Evesque est à la Nomination du Duc de Savoye, & il porte le titre de Comte de Drap.

14. *L'Archevesché de Toulouse.*

Son Archevesque n'a point de titre particulier. Il a pour Suffragans.

L'Evesché de Pamiers.

Son Evesque n'a point de titre particulier.

L'Evesché de Montauban, en Quercy.

Son Evesque est Seigueur de la Ville.

L'Evesché de Mirepoix.

Son Evesque n'a point de titre particulier.

L'Evesché de Lavaur.

Son Evesque n'a point de titre particulier.

L'Evefché de Rieux.

Son Evefque n'a point de titre particulier.

L'Evefché de Lombez.

Son Evefque n'a point de titre particulier.

L'Evefché de S. Papoul.

Son Evefque eft Seigneur de la Ville.

15. *L'Archevefché de Paris.*

Son Archevefque n'a point de titre particulier, mais il a voix & feance au Parlement. Il a pour Suffragans.

L'Evefché de Chartres, en Beauffe.

Son Evefque n'a point de titre particulier.

L'Evefché de Meaux en Brie.

Son Evefque n'a point de titre particulier.

L'Evefché d'Orleans.

Son Evefque n'a point de titre particulier.

Outre les fufdits Evefchez, il y en a quelques autres qui font à la Nomination du Roy; mais qui font Suffragans de quelques Archevefchez hors le Royaume, dont nous allons parler.

Sous l'Archevesché de Tréves en Allemagne.

L'Evesché de Mets.
Son Evesque porte le titre de Prince du S. Empire.

L'Evesché de Toul.
Son Evesque porte le titre de Comte.

L'Evesché de Verdun.
Son Evesque porte le titre de Comte & de Prince du S. Empire.

Sous l'Archevesché de Cambray.

L'Evesché d'Arras, en Artois.
Son Evesque n'a point de titre particulier.

L'Evesché de Tournay, en Flandres.
Son Evesque n'a point de titre particulier.

Sous l'Archevesché de Besançon en la Franche-Comté.

L'Evesché de Bellay, en Bresse.
Son Evesque est Seigneur de la Ville.

Remarquez que quand les Eveschez se trouvent dans la mesme Province où est l'Archevesché dont ils dépendent, je ne la marque point.

Des Vniverſitez de France.

LA France n'a pas ſeulement ſes Academies en pluſieurs endroits du Royaume, pour inſtruire la Nobleſſe dans tous les
Exercices Militaires; elle a encore outre une
infinité de Colleges qui ſont établis en chaque Ville, quantité de celebres Univerſitez
pour l'étude des belles Lettres. C'eſt dans
ce ſéjour des Muſes que ſe forment les
grands Hommes, ſoit pour la Chaire, ſoit
pour le Barreau, & on en voit ſortir tous
les jours des Autheurs tres-illuſtres. Voicy
le dénombrement de toutes celles qui ont
eſté fondées en France.

Les Univerſitez de Paris, dont le principal College eſt celuy de Sorbonne.

De Toulouſe, en Languedoc.

De Bordeaux, en Guyenne.

De Poitiers, en Poitou.

D'Orleans, où la Faculté du Droiĉt Civil de Paris a eſté tranſportée.

De Bourges, en Berry, où le Droiĉt Civil florit.

D'Angers, en Anjou.

De Caën, en Normandie.

De Montpellier, en Languedoc, où la

Faculté de Medecine est en grande estime.

De Cahors, en Quercy.

De Nantes, en Bretagne.

De Rheims, en Champagne.

De Valence, en Dauphiné.

D'Aix, en Provence.

D'Avignon, en Provence.

De Pont à Mouson, sur les Confins de Champagne.

De Doüay en Flandres.

Des Ducs & Pairs de France.

IL n'y avoit anciennement que douze Pairs de France, dont l'Institution est fort incertaine. De ces douze Pairs, il y en avoit six Ecclesiastiques qui sont encore aujourd'huy, & six Laïcs qui ne subsistent plus. Parmy les Ecclesiastiques, il y en a trois qui sont Ducs & Pairs, & trois autres qui sont Comtes & Pairs. Il en estoit de mesme des Pairs Laïcs, parmy lesquels il y en avoit trois Ducs & trois Comtes, dont nous allons parler par ordre, & de leur fonction dans le Sacre de nos Roys.

Ducs & Pairs Ecclesiastiques.

1. L'Archevesque de Rheims qui sacre le Roy.

2. L'Evefque de Laon, qui porte la Sainte Ampoule.

3. L'Evefque de Langres, qui porte le Sceptre, & qui facre le Roy en l'abfence de l'Archevefque de Rheims.

Comtes & Pairs Ecclefiaftiques.

1. L'Evefque de Beauvais, qui porte le Manteau Royal.

2. L'Evefque de Chalons fur Marne, qui porte l'Anneau.

3. L'Evefque de Noyon, qui porte la Ceinture ou Baudrier.

Ducs & Pairs Laïcs.

1. Le Duc de Bourgogne, qui portoit la Couronne Royale, & ceignoit l'Epée au Roy.

2. Le Duc de Guyenne, qui portoit la premiere Banniere quarrée.

3. Le Duc de Normandie, qui portoit la feconde.

Comtes & Pairs Laïcs.

1. Le Comte de Touloufe, qui portoit les Efprons.

2. Le Comte de Champagne, qui por-

toit la Banniere Royale, ou l'Etendart de Guerre.

3. Le Comte de Flandres, qui portoit l'Epée du Roy.

Mais parce que ces Pairs Laïcs ne subsistent plus aujourd'huy, le Roy choisit six Seigneurs de remarque pour les representer & pour faire leur fonction à son Sacre.

Des Ducs & Pairs d'aujourd'huy.

LE nombre des Ducs & Pairs de France d'aujourd'huy, est d'une plus grande étenduë que n'estoit pas celuy des anciens. Le Roy en fait autant qu'il luy plaist ; mais remarquez que ceux qu'il honnore de cette Dignité, doivent faire verifier leurs Lettres au Parlement de Paris, où ils ont ensuite seance ; & c'est pourquoy on l'appelle le Parlement des Pairs, qui ne peuvent estre jugez que par les Officiers dudit Parlement.

Cette Dignité de Duc & Pair de France, lors que les Lettres du Roy ont esté verifiées en Parlement, se perpetuë dans les Familles, quand il y a des Enfans masles ; mais à leur defaut, les Terres qui ont esté érigées en Duché & Pairie, reprennent leurs anciens Titres, soit de Baronnie, soit de Comté, Vicomté, ou Marquisat.

Il y a pourtant quelques Duchez & Pairies qui tombent en Quenoüille, & aufquels les Femelles font habilles de fucceder. De cette nature font les Duchez & Pairies de Nevers, de Beaumont le Vicomte, de Mayenne, de Mercœur, de Rethelois, de Joyeufe, d'Efpernon, d'Elbeuf, de Richelieu, d'Aiguillon & de Veaujour.

Pour les Ducs & Pairs qui n'ont fimplement que le Brevet du Roy, & dont les Lettres ne font pas enregiftrées en Parlement, ils portent à la verité cette Qualité pendant leur vie, mais elle s'éteint par leur mort, & ne paffe point à leurs Enfans mafles, & ils n'ont point de feance au Parlement. Voicy le dénombrement de tous les Ducs & Pairs de France d'aujourd'huy, qui ont efté receus au Parlement, avec l'année de leur reception, dont plufieurs ont efté réunis à la Couronne.

Bretagne, Duché & Pairie, érigé par Philippes le Bel, l'an 1297.

Bourbon, fimple Duché, érigé par Charles IV. l'an 1327.

Orleans, Duché & Pairie, érigé par Philippes de Valois, l'an 1344.

Anjou, Duché & Pairie, érigé par le Roy Jean, l'an 1350.

Berry, fimple Duché, érigé par le mefme Roy, l'an 1360.

Touraine, simple Duché, érigé par le meſme Roy, l'an 1560.

Valois, Duché & Pairie, érigé par Charles VI. l'an 1402.

Nemours, Duché & Pairie, érigé par le meſme Roy, l'an 1404.

Alençon, Duché & Pairie, érigé par le meſme, l'an 1413.

Longueville, ſimple Duché, érigé par Louis XII. l'an 1505.

Vendoſme, Duché & Pairie, érigé par François I. l'an 1514.

Chaſteleraud, Duché & Pairie, érigé par le meſme Roy, l'an 1514.

Angouleſme, Duché & Pairie, érigé par le meſme, l'an 1515.

Guyſe, Duché & Pairie, érigé par le meſme, l'an 1527.

Eſtampes, ſimple Duché, érigé par le meſme, l'an 1536.

Montpenſier, Duché & Pairie, érigé par le meſme, l'an 1538.

Aumale, Duché & Pairie, érigé par Henry II. l'an 1547.

Albret, Duché & Pairie, érigé par le meſme Roy, l'an 1556

Beaupreau, ſimple Duché, érigé par Charles IX. l'an 1562.

Chaſteau-Thierry, Duché & Pairie, érigé par le meſme Roy, l'an 1566.

Ponthieure, Duché & Pairie, érigé par le mesme, l'an 1569.

Usez, Duché & Pairie, érigé par le mesme, l'an 1565.

Mayenne, Duché & Pairie, érigé par le mesme, l'an 1573.

Mercœur, Duché & Pairie, érigé par le mesme, l'an 1569.

Saint Fargeau, Duché & Pairie, érigé par Henry III. l'an 1575.

Lodun, simple Duché, érigé par le mesme Roy, l'an 1579.

Joyeuse, Duché & Pairie, érigé par le mesme, l'an 1581.

Espernon, Duché & Pairie, érigé par le mesme, l'an 1581.

Elbeuf, Duché & Pairie, érigé par le mesme, l'an 1582.

Hallüin, Duché & Pairie, érigé par le mesme, l'an 1587.

Montbazon, Duché & Pairie, érigé par le mesme, l'an 1589.

Ventadour, Duché & Pairie, érigé par le mesme, l'an 1589.

Beaufort, Duché & Pairie, érigé par Henry IV. l'an 1597.

Thoüars, Duché & Pairie, érigé par le mesme Roy, l'an 1599.

Süilly, Duché & Pairie, érigé par le mesme, l'an 1606.

Fronsac .

Fronſac & Caumont, Duché & Pairie,
érigé par le meſme, l'an 1608.

Chaſteau-Roux, Duché & Pairie, érigé
par Louis XIII. l'an 1616.

Luynes, Duché & Pairie, érigé par le
meſme, l'an 1619.

Leſdiguieres, Duché & Pairie, érigé par
le meſme, l'an 1611.

Briſſac, Duché & Pairie, érigé par le
meſme, l'an 1611.

Chaunes, Duché & Pairie, érigé par le
meſme, l'an 1621.

Villars, Duché & Pairie, érigé par le
meſme, l'an 1628.

Richelieu, Duché & Pairie, érigé par le
meſme, l'an 1631.

Montmorency, Duché & Pairie, érigé
par le meſme, l'an 1633.

Retz, Duché & Pairie, érigé par le
meſme, l'an 1634.

Saint Simon, Duché & Pairie, érigé par
le meſme, l'an 1635.

La Rochefoucault, Duché & Pairie, érigé par le meſme, l'an 1622.

La Force, Duché & Pairie, érigé par le
meſme, l'an 1637.

Aiguillon, Duché & Pairie, érigé par le
meſme, l'an 1638.

Valentinois, Duché & Pairie, érigé par
le meſme, l'an 1642.

Q

Rohan, Duché & Pairie , érigé par le mesme, l'an 1645.

Verneüil, Duché & Pairie , érigé par le mesme, l'an 1652.

Estrées , Duché & Pairie , érigé par le mesme, l'an 1645.

Gramont, Duché & Pairie , érigé par le mesme, l'an 1643.

Nevers , Duché & Pairie , érigé par Louis XIV. l'an 1660.

Rethelois-Mazarini , Duché & Pairie, érigé par le mesme Roy, l'an 1663

Villeroy, Duché & Pairie , érigé par le mesme, l'an 1663.

Mortemart, Duché & Pairie, érigé par le mesme, l'an 1663.

Crequy, Duché & Pairie , érigé par le mesme, l'an 1663.

Saint Agnan, Duché & Pairie , érigé par le mesme, l'an 1663.

Foix-Randam , Duché & Pairie, érigé par le mesme, l'an 1663.

Liancourt, Duché & Pairie , érigé par le mesme, l'an 1663.

Tresmes, Duché & Pairie , érigé par le mesme, l'an 1663.

Noailles , Duché & Pairie, érigé par le mesme, l'an 1663.

Coislin , Duché & Pairie , érigé par le mesme, l'an 1663.

Pleßis-Praßin, Duché & Pairie, érigé par le mesme, l'an 1665.

Aumont, Duché & Pairie, érigé par le mesme, l'an 1665.

La Ferté-Seneéterre, Duché & Pairie, érigé par le mesme, l'an 1665.

Montauzier, Duché & Pairie, érigé par le mesme, l'an 1665.

Vaujour, Duché & Pairie, érigé par le mesme, l'an 1667.

Chevreuse, simple Duché, érigé par le mesme, l'an 1667.

Des Parlemens de France.

LEs Parlemens ont esté établis pour rendre la justice aux Peuples, conformément aux Ordonnances de nos Roys. Pepin I. premier Roy de la deuxiéme Race institua un Conseil, composé des Pairs de France, tant Ecclesiastiques que Laïcs, qui suivoient les Roys de France, dans tous les Voyages, & connoissoient des Differens qui naissoient entre les Particuliers. On appella ce Conseil Parlement, dans lequel le Tiers Estat, ou Communautez des Villes n'avoient que la voix plaintive. Il representoit les Estats Generaux du Royaume,

& décidoit non feulement des Affaires des Particuliers, mais encore de toutes celles qui regardoient l'Eftat : De là vient que le Parlement de Paris, qui fut fixé & rendu fedentaire dans cette Ville par Philippes le Bel, a retenu le Privilege de verifier & modifier les Edits de nos Roys, qui regardent les interefts des Peuples du Royaume. On l'appelle encore la Cour des Pairs, parce que les Ducs & Pairs de France y ont feance, & ne peuvent eftre jugez que par le Parlement de Paris. Le nombre des Parlemens s'eft accrû-fucceffivement, & aujourd'huy on en compte dix, dont nous allons parler felon l'ordre de leur Creation, avec l'étenduë de leur reffort.

1. Paris a fous fa Jurifdiction, l'Ifle de France, la Beauffe, le Berry & la Sologne, l'Auvergne, le Lyonnois, le Forefts & le Beaujolois, le Poitou, l'Anjou, l'Angoulmois, le Maine, le Perche, la Picardie, la Champagne, la Brie & le Mafconnois, la Touraine, le Bourbonnois & le Nivernois.

2. Touloufe, inftitué par Philippes le Bel, l'an 1302. & fait fedentaire par Charles VII. l'an 1443. a fous fa Jurifdiction tout le Languedoc, le Roüergue, le Quercy, le Comté d'Armagnac & le Comté de Foix.

3. Roüen, inftitué par Charles VII. l'an

1445. & fait sedentaire par Louis XII. l'an 1503. a sous sa Jurisdiction toute la Normandie.

4. Bordeaux, institué par Louis XI. l'an 1462. a sous sa Jurisdiction la Guyenne, le Perigord, le Limosin, la Xaintonge, & une partie de la Biscaye.

5. Rennes, institué par Henry II. l'an 1553. a sous sa Jurisdiction toute la Bretagne.

6. Grenoble, institué par Charles VII. l'an 1453. a sous sa Jurisdiction tout le Dauphiné.

7. Dijon, institué par Louis XI. l'an 1476. a sous sa Jurisdiction toute la Bourgogne.

8. Aix, institué par Louis XII. l'an 1501. a sous sa Jurisdiction toute la Provence.

9. Pau, institué par Henry IV. l'an 1591. a sous sa Jurisdiction tout le Bearn.

10. Mets, institué par Louis XIII. l'an 1633. a sous sa Jurisdiction le Païs Meßin, & les Villes Imperiales de Toul & Verdun.

Tous les Parlemens sont composez de la Grand' Chambre, où sont les Presidens à Mortier, ainsi appellez d'un habillement de teste qu'ils portent dans les grandes Ceremonies : De la Chambre Criminelle ou Tournelle, composée de toutes les autres Chambres, où il y a aussi des Presidens à

Mortier, & de plusieurs Chambres des Enquestes. Dans tous les Parlemens il y a deux Advocats Generaux, & un Procureur General, des Greffiers, des Huissiers, des Advocats particuliers & des Procureurs.

Il y en a quelques-uns qui ont une Chambre particuliere pour les Personnes de la Religion, qu'on appelle la Chambre de l'Edit, qui est en quelques Parlemens my-partie, c'est à dire composée d'un nombre égal de Juges Catholiques & de la Religion.

On peut appeller aux Parlemens du Iugement des Cours de Iustices Subalternes qui sont dans leur ressort, qu'on appelle Sentences, au lieu que les Décisions des Parlemens & des autres Cours Souveraines, se nomment Arrests, dont il n'y a point d'appel; car toutes les Cours Souveraines jugent diffinitivement & en dernier ressort, de toutes les Causes qui leur sont attribuées.

Outre les Parlemens qui tiennent le premier rang entre les Cours Souveraines, il y en a d'autres qui ont leur attribution particuliere, & qui jugent souverainement des Affaires dont elles ont connoissance.

La premiere apres les Parlemens, est la Chambre des Comptes, qui connoist de la Recepte & de la Dépense des Finances du

Royaume ; arreſte les Comptes de la Mai-
ſon du Roy, reçoit la foy & hommage des
Vaſſaux, des Principautez, Duchez, Pairies,
Marquiſats, Comtez, Baronnies & Chaſ-
tellenies, dont elle enregiſtre l'Erection,
ou Creation ; verifie les Declarations de
Guerre, Traitez de Paix, Contracts de
Mariage des Roys & des Enfans de France,
avec leurs Appanages, les Réünions &
Allienations des Domaines, les Naturalitez
& Amortiſſemens, Legitimations, Dons,
Penſions, Gratifications, & generalement
toutes les Lettres de Grace.

Il y a dans le Royaume huit Chambres
des Comptes ; ſçavoir, Paris, Roüen,
Dijon, Nantes, Montpellier, Grenoble,
Aix & Blois.

La deuxiéme Cour Souveraine, eſt le
Grand Conſeil, qui ſuit la Cour quand il
plaiſt au Roy : Sa Juriſdiction s'étend dans
tout le Royaume, parce qu'il n'y en a qu'un.
Il connoiſt des nullitez & contrarietez d'Ar-
reſts, de la Juriſdiction des Preſidiaux &
Prevoſts des Mareſchaux, & des Matieres
concernant les Benefices qui ſont à la Nomination de Sa Majeſté.

La troiſiéme, eſt la Cour des Aydes, qui
connoiſt des Tailles, Gabelles, Impoſitions,
de toutes Fermes & Droicts du Roy, & du
Titre de Nobleſſe : Il y a cinq Cours des

Aydes en France ; sçavoir , Paris , Roüen, Clermont en Auvergne , Montpellier & Bordeaux.

La quatriéme, est la Cour des Moñnoyes, dont vous verrez la Jurisdiction, en suite de la Liste des Villes qui ont droict d'en faire battre.

La cinquiéme, est la Generalité des Tresoriers Generaux de France, qui connoissent de toutes les Matieres qui regardent le Domaine du Roy ; de la grande & petite Voyrie des Villes de leur Generalité ; de tous Bastimens , Reparations des Maisons Royales, Palais où se rend la Iustice, Presidiaux, Builliages, Seneschaussez, Prevostez, & de toutes les Jurisdictions Royales, Ponts & Chaussées, Pavé & autres Ouvrages publics. On compte vingt-trois Generalitez dans le Royaume, & vingt-trois Tresoriers de France en chaque Bureau.

Outre ces Cours Souveraines, il y en a plusieurs Subalternes, comme sont les Bailliages, Seneschaussées, Presidiaux, Elections, la Jurisdiction des Eaux & Forests, la Connestablie & Mareschaussée de France, & autres particulieres, dont la connoissance est fort inutile aux Etrangers.

Je n'ay point parlé des Maistres des Requestes, parce que je me propose d'en traitter, en parlant du Chancelier, & des Conseils du Roy, sur la fin de mon Ouvrage.

Des Roys de France.

CE n'eſt pas aſſez d'avoir ſervy de Guide aux Etrangers, dans le Voyage de France, il faut encore leur donner la connoiſſance des Roys qui l'ont gouvernée depuis la Fondation de cette Auguſte Monarchie, qui ſubſiſte depuis plus de douze Siecles, avec un plus grand éclat que jamais. Comme mon deſſein n'eſt pas de leur donner icy une Hiſtoire de France, mais ſeulement une idée generale de ſes Roys, je me contenteray de mettre ſeulement leurs Noms, avec leurs Deviſes en Latin & en François, qui expliquent les Actions principales de leur Regne, dont je marque auſſi la durée. Ces Deviſes ſont les meſmes que l'on voit ſur le Pont Noſtre Dame, inventées par un tres-bel Eſprit de la Compagnie de Ieſus, à l'Entrée du Roy dans Paris, l'an 1660. apres ſon Mariage avec Marie-Thereſe Infante d'Eſpagne, celebré a S. Iean de Luz le 5. Iuin de la meſme année. Il faut avertir les Etrangers, que nous faiſons trois Races, ou trois Familles de nos Roys : La premiere, eſt celle des Meroüingiens, qui prend ſon nom de

R

Meroüée, troisiéme Roy de la Monarchie
Françoise : La seconde, est celle des Carlovingiens, qui est ainsi appellée de Charlemagne, qui succeda à son Pere Pepin le
Bref, Chef de la deuxiéme Race : Enfin la
troisiéme est celle des Capetiens , ou des
Capets, ainsi dite de Hugues Capet qui en
est le premier Roy , & qui a donné tant
d'Illustres Monarques à la France, gouvernée aujourd'huy aussi glorieusement qu'-
heureusement par Louis XIV.

Premiere Race des Roys de France,
dite des Meroüingiens.

1. PHARAMOND, regna   8.ans.
DEVISE.
Imperium sine fine dedi.
J'ay fondé cet Estat sur de si fermes Loix,
Qu'on ne peut voir la fin de l'Empire Fran-
çois.

2. CLODION, dit le Chevelu, regna 20.
DEVISE.
Romæ vix. Cessimus uni.
Quoy que Rome se vante, il faut qu'elle
concede,
Que l'Empire François à grand' peine luy
cede.

3. MEROUE'E, regna   10.ans.
DEVISE.
Nobis ferus Attilæ cessit.

Le cruel Attila, malgré son fier couroux,
Redouta mon Epée, & tomba sous mes
coups.

4. CHILPERIC I. regna   14.
DEVISE.
Redij virtute decorus.

Je descendis du Trône, & l'on sçait dans
l'Histoire,
Qu'on m'y vid remonter avecque plus de
gloire.

5. CLOVIS I. regna   30.
DEVISE.
Salus mihi conjuge parta est.

Si quittant les faux Dieux, le vray Dieu fut
mon but,
Ce fut ma Femme enfin qui causa mon salut.

6. CHILDEBERT I. regna   34.
DEVISE.
Armatus terror Iberi.

J'ay fait, par ma valeur, trembler dans la
Campagne,
Les Aigles de l'Empire, & les Lyons d'Es-
pagne.

7. CLOTAIRE I. regna   12.ans.
DEVISE.
Vicit amor Patriæ.

Je fus si fort vaincu d'amour pour ma Patrie,
Que j'eusse mis pour elle, & mon sang &
   ma vie.

8. CHEREBERT, regna   15.
DEVISE.
Themidi Musarum Numina junxit.

Quoy que je fusse né pour les travaux de
   Mars,
J'ay fait fleurir Themis, les Muses & les
   Arts.

9. CHILPERIC II. regna   8.
DEVISE.
Infaustis avibus rexi.

J'ay monté sur le Trône, en un temps où
   j'asseure
Que tout estoit pour moy de tres-mauvais
   augure.

10. CLOTAIRE II. regna   37.
DEVISE.
De Spinis Rosa nata fui.

Mon Estat fut troublé de Guerres intestines;
Mais j'ay veu succeder les Roses aux
   épines.

11. DAGOBERT I regna   16. ans.
DEVISE.

Multi post Bella triumphi.

Apres tant de Combats, & de sang répandu,
Je triomphe de tout, quand on croit tout
    perdu.

12. CLOVIS II. regna   18.
DEVISE.

Vigili stant Regna Ministro.

La conduite & l'esprit d'un Ministre soi-
    gneux,
Rend son Roy redoutable, & son Estat
    heureux.

13. CLOTAIRE III. regna   4.
DEVISE.

Claustro dis ausimus hostes.

D'un Convent solitaire où mon sort m'a-
    voit mis,
J'eus le plaisir de voir périr mes Ennemis.

14. CHILDERIC II. regna   5.
DEVISE.

Dulcem mihi malo quietem.

La Guerre en un Estat apporte tant de
    maux,
Que j'aime mieux gouster la douceur du
    repos.

15. THEODORIC., ou THIERRY,
 regna   19.ans
     DEVISE.
  Donis auximus Aras.

Du respect des Autels, j'ay donné cent
 Exemples,
Augmenté de cent Dons les Tresors des
 Saints Temples.

16. CLOVIS III. regna   6.
     DEVISE.
  Socio confidimus uni.

Je me suis reposé dans toutes mes affaires,
Sur un seul dont les soins m'ont esté neceffaires.

17. CHILDEBERT II. regna 17.
     DEVISE.
  Pius idem omnibus æquus.

Je fus doux à chacun, aussi bien qu'équitable,
Et par ma Pieté je me rendis aimable.

18. DAGOBERT II. regna   5.
     DEVISE.
  Brevis mihi gloria Regni.

J'ay joüy peu de temps de la gloire que
 donne
D'un Royaume fameux l'éclatante Couronne.

19. DANIEL ou CHILPERIC III.
regna 5. ans.

DEVISE.

Clauſtris fero Sceptra reliſtis.

Le Sceptre des François fut toute mon
étude,

Si-toſt que j'eus pour eux quitté ma ſolitude.

20. CHILDERIC III. regna 12.

DEVISE.

Nos aliquid nomen ceſſimus.

Mon Nom plus reſpecté que pas-un Nom
du Monde,

A fait aſſez de bruit ſur la Terre & ſur
l'Onde.

---

*Seconde Race des Roys de France,
dite des Carlovingiens.*

1. PEPIN, dit le Bref, regna 27. ans

DEVISE.

Merui regnare vocatus.

Si la France autrefois m'apella ſur le Trône,
C'eſt que je meritay de porter la Couronne.

2. CHARLEMAGNE, regna 45.

DEVISE.

Conſilio major, qui magnus in armis.

Si dedans les Combats je n'eus point de
pareil, R iiij

Je fus beaucoup plus grand que mon fage
   Confeil.

3. LOUIS I. dit le Debonnaire, reg.   27.
       D E V I S E.
   Bis cado, bifque refurgo.
Je fuis tombé deux fois , quoy que bien
   élevé;
Mais deux fois pour mon bien je me fuis
   relevé.

4. CHARLES II. dit le Chauve, reg. 28.
       D E V I S E.
   Pugnare & vincere doctus.
Plus ferme qu'un Rocher que rien ne peut
   abattre,
J'ay fçeu vaincre par tout, dés que j'ay fceu
   combattre.

5. LOUIS II. dit le Begue, regna   3.
       D E V I S E.
   Tot per difcrimina regno.
A la confufion des Peuples Etrangers,
Je regne feurement au milieu des dangers.

6. LOUIS III & CARLOMAN,
   regnerent environ   6.
       D E V I S E.
   Rara hæc concordia.
Rarement a-t-on veu dans un téps orageux,

Deux Freres mieux unis que l'on nous vit
tous deux.

7. EUDES, ou ODON, regna   10. ans.
D E V I S E.
Summa petit livor.
Les Grands ont mille affauts qui traverfent
leur vie;
Mais le plus grand de tous, c'eft celuy de
l'Envie.

8. CHARLES III. dit le Simple, reg. 25.
D E V I S E.
Quo nec fincerior alter.
Jamais Roy des François, avec verité,
Plus de douceur que moy, ny de fincerité.

9. RODOLPHE ou RAOUL, reg. 14.
D E V I S E.
Summo dulcius unum ftare loco.
Le plaifir eft plus doux dans un Eftat fu-
préme,
Quand un Prince y tient pied, & le regit
luy-mefme.

10. LOUIS IV. dit d'Outremer, reg. 19.
D E V I S E.
Terris me reddidit æquor.
Sans déguaifner l'Epée, & fans faire la
Guerre,

J'ay passé de Thétis sur le sein de la Terre.

11. LOTHAIRE, regna   29. ans.
DEVISE.

Regnum extendimus armis.

J'ay malgré mes Rivaux, & malgré leurs
     tempestes,
Etendu mon Estat par diverses Conquestes.

12. LOUIS V. regna   2
DEVISE.

Terris hunc tantum ostenderunt fata.

A peine eus-je en mes mains le Sceptre des
     François,
Que la mort m'enleva du Trône de nos
     Roys.

Troisiéme Race des Roys de France,
dite des Capetiens, ou Capets.

1. HUGUES CAPET, regna   9.
DEVISE.

In melius novus innovo Regnum.

Tout nouveau que je suis dans ce fameux
     Estat,
Je veux de mieux en mieux augmenter son
     éclat.

2. ROBERT, regna   33

DEVISE.
Omnigenæ virtutis alumnus.
Inftruit dans les Vertus, mes plus doux
    Exercices,
Furent, quand je fus Roy, de combattre les
    Vices.

3. HENRY I. regna   51. ans.
            DEVISE.
    Belli, Pacifque peritus.
Je fus expert en paix, je fus expert en guerre,
Et je paffay pour tel, & fur Mer & fur Terre.

4. PHILIPPES I. regna   49.
            DEVISE.
    Læta dedi primordia Regni.
Mon Regne eftant heureux dans fes com-
    mencemens,
Euft-il eu du malheur dans fes derniers mo-
    mens?

6. LOUIS VI. dit le Gros, regna   29
            DEVISE.
    Imperio, Regnoque potens.
Je fus un Roy puiffant, l'Hiftoire le fçeut
    dire;
Puis qu'on me vit fi loin étendre mon
    Empire.

6. LOUIS VII. dit le Jeune, regna 42.

DEVISE.
Solimas affertor claffe redemi.
Je couvris de Vaiffeaux les Fleuves & les
    Mers,
Pour delivrer Solime, & la tirer des fers.

7. PHILIPPES II. dit Dieu-donné, ou
    Augufte, regna   43.ans.
        DEVISE.
Augufti refero _ gnomine dotes.
Si j'eus les qualitez & la vertu d'Augufte,
Son furnom m'eftoit deû, comme celuy
    de Jufte.

8. LOUIS VIII. regna   3.
        DEVISE.
Metuendus in hærefim ultor.
J'ay fait voir aux François pour dompter
    l'Herefie,
Que je n'épargnois pas ny mon fang ny
    ma vie.

9. LOUIS IX. regna   44.
        DEVISE.
Decus addidit Cælo.
Quand je quittay la Terre & volay dans
    les Cieux,
Je fus bien-toft au rang des Aftres pré-
    cieux.

10. PHILIPPES III. dit le Hardy,
regna   15.ans.

DEVISE.

Quam fortis pectore & armis.

Aussi vaillant du cœur, que je le fus des
Armes,

Je ne redoutay point les plus fortes alarmes.

11. PHILIPPES IV. dit le Bel, regna 29.

DEVISE.

Fortis, cum conjuge fortis.

Comme avec ma vertu ma force fut ex-
tréme,

J'eus une Epouse aussi qui fut la force
mesme.

12. LOUIS X. dit Hutin, regna   18.

DEVISE.

Aspera semper amans.

Je ne fis pour l'Estat que des choses utiles,
Et n'entrepris jamais que les plus difficiles.

13. PHILIPPES V .dit le Long, reg.   6.

DEVISE.

Imperio potens tractare sereno.

Un Roy ne doit agir que d'un air agreable,
Quand dans un grand Estat il veut se rendre
aimable.

14. CHARLES IV. dit le Bel, regna   6.

DEVISE.

Extra formosus & intra.

Aux graces de l'esprit, joindre celles du
corps,
C'est estre beau dedans aussi bien que dehors.

15. PHILIPPES VI. dit de Valois,
regna　　　　　　　　　　　23.ans.

DEVISE.

Ramo avulso non deficit alter.

Pour un Rameau perdu, le Ciel fait cette
grace,
Qu'on en voit aussi-tost naistre un autre
en sa place.

16. JEAN, regna　　　　　　　　14

DEVISE.

Vici quamquam victus.

Je fus de mon honneur tellement curieux,
Que mesme estant vaincu, j'estois victorieux.

17. CHARLES V. dit le Sage, regna　16.

DEVISE.

Immanes potui superare procellas.

J'ay dissipé l'orage, & vaincu la tempeste
Qui sembloit s'élever & gronder sur ma
teste.

18. CHARLES VI. dit le Bien-aimé, regna   42 ans.

DEVISE.
Bonus omnibus, optimus urbi.

Ma franchiſe envers tous fut tellement
  connuë,
Que l'on n'en vit jamais une plus ingenuë.

19. CHARLES VII. dit le Victorieux, regna   39.

DEVISE.
Cœlum ſub Virgine fauſtum.

LeCiel en mon endroit ſe montra favorable,
Par une Vierge un jour qui me fut ſecou-
  rable.

20. LOUIS XI. regna   39.

DEVISE.
Prudenti callidus arte.

Pour regner dignement, le ſecret d'importance,
C'eſt qu'un Roy doit en tout conſulter ſa
  prudence.

21. CHARLES VIII. regna   22.

DEVISE.
Viam gaudens feciſſe ruinæ.

Sur le débris d'autruy la France pouvoit
  croire,
Que je rétablirois ſon bonheur & ma gloire.

22. LOUIS XII. dit le Pere du Peuple,
   regna   18.ans.
DEVISE.
Viditque parentem Gallia.
Dés-que la France m'eut élevé sur le Trône,
Elle eut un second Pere en ma seule Per-
   sonne.

23. FRANCOIS I. regna   32.
DEVISE.
In Hectora solus Achilles.
Que ne vis-je en mes jours naistre un second
   Hector?
J'estois pour le combattre un autre Achille
   encor.

24. HENRY II. regna   12.
DEVISE.
Ora impia Lege repressi.
Par mes frequens Edits pleins de severité,
J'ay triomphé du Vice & de l'Impieté.

25. FRANCOIS II. regna   18. mois.
DEVISE.
Ætas brevis aptaque Regno.
Si la mort ne m'eust pris au printemps de
   mon âge,
J'estois digne apres tout, de regner da-
   vantage.

CHARLES

26. CHARLES IX. regna   14. ans.
DEVISE.

Iustitiam, Pietas æquit.

Sa Pieté Chrestienne, égala sa Justice,
Et son bras fut l'effroy des Esclaves du Vice.

27. HENRY III. regna   15.
DEVISE.

Externæ patriam præpono coronæ.

Je prefereray la France au milieu des dangers,
Aux Sceptres glorieux des Païs étrangers .

28. HENRY IV. dit le Grand, regna   20.
DEVISE.

Ferro mea, Regna redemi.

J'ay sauvé mon Estat par la force du fer,
Et de mes Ennemis on m'a veu triompher.

29. LOUIS XIII. dit le Juste, regna,   33.
DEVISE.

Fidei & Regni expulit Hostes.

Ennemis de l'Estat, Ennemis de la Foy,
Vous fustes surmontez & chassez par ce
Roy.

30. LOUIS XIV. dit Dieu-donné, ou
Auguste, regne aujourd'huy glorieusement sur les François.

S

DEVISE.

Consilijs, armisque potens.

Ses Armes, son Conseil, sa Valeur sans se-
　conde,
Le rendent plus puissant que tous les Roys
　du Monde.

Non plus ultra.

Remarquez, 1. Que les Femelles ne
sont pas habiles à succeder à la Couronne
de France, par les Loix fondamentales
de l'Estat, que l'on attribuë à Pharamond, Fondateur de la Monarchie Françoise : Il semble que le Ciel ait authorisé
cette sage Institution, lors que la Sainte
Ecriture dit quelque part dans les Evangiles,
Que les Lys ne filent point, & le commun
Proverbe de la France dit, *Que le Royaume
ne tombe point en Quenoüille*.

2. Que sous les Roys de la premiere
Race, la France fut deux fois divisée en Te-
trarchies, c'est à dire en plusieurs portions;
ce qui arriva entre les Enfans de Clovis I.
& de Clotaire son Fils : Tous s'appelloient
Roys de France; mais ils adjoustoient le
Nom de la Ville Capitale de leurs Estats.
Il y avoit, 1. le Roy de Paris, qui possedoit
les Provinces du Poitou, du Maine, de Touraine, de Champagne, d'Anjou, de Guyenne.

& d'Auvergne.   2. Le Roy de Soissons,
qui avoit les Provinces de Picardie, de
Flandres & de Normandie. 3. Le Roy
d'Orleans, qui commandoit sur la Duché
d'Orleans, sur la Bourgogne, sur le Lyonnois, sur la Provence, & sur le Dauphiné.
4. Le Roy de Mets, qui avoit sous son
Empire, l'Austrasie, ou la Lorraine, & tous
les Pays depuis Rheims jusques au Rhin, &
au delà toute l'Allemagne de l'ancien patrimoine de nos Roys. Aujourd'huy ce partage ne se fait plus ; mais l'on donne des
Appannages aux Fils de France, à condition
de retour à la Couronne à faute d'Enfans
masles. Ces Appannages sont des Duchez
affectez pour cela, comme ceux d'Orleans,
d'Anjou, d'Alençon, de Valois, & autres.

3. Que depuis Clovis I. tous les Roys
de France ont esté Catholiques Romains,
& on n'en reçoit point d'autre Religion.
Ils portent le Titre de Fils Aisnez de l'E-
glise, en consideration des grands services
qu'ils ont rendus en divers temps au Saint
Siege, & aux Papes. Alexandre IV. & sept
autres Papes consecutivement, ont donné
à nos Roys le Privilege de ne pouvoir pas
estre interdits.

4. Que les Roys de France sont Majeurs
à l'âge de 14. ans, par Ordonnance de
Charles V. dit le Sage.

5. Que les Fleurs de Lys furent reduites au nombre de trois par Charles VI. dit le Bien-aimé, au lieu qu'auparavant elles estoient sans nombre.

6. Que les Gaules changerent leur Nom en celuy de France, sous le Regne de Meroüée troisiéme Roy de la premiere Race, lequel apres la défaite d'Attila Roy des Huns, dans les Plaines de Châlons sur Marne, fixa son Siege à Paris.

7. Que Charles VII. fut le premier qui confia sa Personne à la garde des Escossois, qui subsistent encore aujourd'huy sous le nom de Gardes de la Manche.

8. Que Louis XI. a esté le premier qui a attiré les Suisses dans l'Alliance de France; & encore aujourd'huy il y a dix Compagnies Suisses dans le Regiment des Gardes du Roy, outre les cent Suisses qui portent la Toque de velours, & qui sont dans le nombre des Gardes du Corps; mais ils ne paroissent que dans les Ceremonies particulieres, & accompagnent le Roy à pied, avec une Pertuisanne sur l'épaule.

Des principaux Officiers de la Maison du Roy & Couronne de France.

APres avoir donné à Meſſieurs les Etrangers l'idée generale de nos Roys & du Royaume de France, il eſt temps que je les informe des principaux Officiers qui ſervent dans leurs Palais, & qui ſont commis aux plus importantes Charges de l'Eſtat.

Des Officiers de la Maiſon du Roy.

Il y a de deux ſortes d'Officiers chez le Roy, dont les uns ſont Ecclefiaftiques, & les autres Laïcs, dont nous parlerons par ordre.

Des Officiers Ecclefiaſtiques de la Maiſon du Roy.

Du Grand Aumoſnier de France.

Le Grand Aumoſnier de France eſt Chef du Clergé de la Maiſon du Roy : Il eſt né Commandeur des Ordres de Sa Majeſté,

& il reçoit leur Profession de Foy, de mesme que le Serment de fidelité des Aumosniers servans, des Chapelains, des Clercs de Chapelle & Oratoire du Roy, du Confesseur du commun, & autres : Il délivre les Prisonniers à qui le Roy fait Grace en veuë de son Avenement à la Couronne, en faveur de son Sacre, & Couronnement des Reynes, de son Mariage, de sa premiere Entrée dans les Villes du Royaume, de la Naissance des Enfans de France, des Festes Solemnelles, & pour d'autres raisons considerables. Il distribuë le fonds destiné pour les Aumosnes du Roy, & baptise les Dauphins, les Fils & Filles de France, de mesme que ceux dont les Roys, les Reynes & les Enfans de France sont Parains & Maraines : Il fiance & marie au Louvre les Princes & Princesses.

Outre ces fonctions qui regardent la Maison du Roy, il pourvoit à toutes les Maladreries du Royaume, & a l'Intendance sur plusieurs Hospitaux, de mesme que sur les dix-sept Lecteurs du Collège Royal.

Il a sous luy plusieurs autres Officiers Ecclesiastiques ; comme le Premier Aumosnier, huit Aumosniers servans par quartier, & huit Clercs de Chapelle.

Il y a encore le Maistre de l'Oratoire du

Roy, qui eſt ordinairement un Eveſque, &
le Maiſtre de la Chapelle & Muſique du
Roy, qui a ſous ſoy huit Chapelains, &
cinq Clercs pour les grandes Meſſes, quatre
Maiſtres de Muſique ſervans par quartier;
& un Compoſiteur de Muſique.

Voila à peu pres ce qui regarde le
Clergé de la Maiſon du Roy. Voyons en
ſuite les Officiers Laïcs.

Des Officiers Laïcs de la Maiſon du Roy.

Du Grand Maiſtre.

La Charge du Grand Maiſtre de la Maiſon du Roy, eſt d'une grande étenduë : Il
commande ſur tous les Officiers de la bou-
che, & a ſous ſa Juriſdiction le Premier
Maiſtre d'Hoſtel, un Maiſtre d'Hoſtel ordinaire, douze Maiſtres d'Hoſtel ſervans
par quartier, trente-ſix Gentilshommes ſervans auſſi par quartier. Le grand Panne-
tier, le grand Eſchanſon, le grand Eſcuyer
Tranchant ; & enfin tous les Officiers
ſubalternes à ceux-cy, commis pour le
manger & boire du Roy.

Du Grand Chambellan.

Le Grand Chambellan a fous fa Jurifdiction tous les Officiers deftinez au fervice de la Chambre du Roy , dont les principaux font les quatre premiers Gentilshommes de la Chambre, qui ont le gouver-
nement & la conduite des vingt-quatre
Pages de la Chambre : Les autres font les
quatre premiers Valets de Chambre. Seize
Huiffiers de Chambre fervans par quartier:
deux Huiffiers ordinaires de l'Antichambre,
deux Huiffiers du Cabinet , trente-deux
Valets de Chambre, dont huit fervent tous
les quartiers, douze Porte-Manteaux , fervans auffi par quartier, deux Porte-Arque-
bufes, huit Barbiers, huit Tapiffiers, quatre
Orlogers , & autres de moindre confe-
quence.

Lors que le Roy entre en Parlement,
pour y tenir fon Lit de Juftice, le Grand
Chambellan eft affis à fes pieds, fur un Car-
reau de velours violet, couvert de Fleurs de
Lys ; & dans les Audiances des Ambaffadeurs, il a fa place derriere le Fauteüil du
Roy, le premier Gentilhomme de la Chambre eftant à fa droite, & le Grand Maiftre
de la Garderobe à fa gauche.

Du Grand Maiſtre de la Garderobe.

Le Grand Maiſtre de la Garderobe du Roy, a ſa juriſdiction ſur tous les Officiers qui prennent le ſoin des Habits, du Linge & de la Chauſſure de Sa Majeſté. Les principaux ſont les deux Maiſtres de la Garderobe, les quatre premiers Valets de Garderobe ſervans par quartier, ſeize autres Valets de Garderobe, un Porte-Malle, trois Tailleurs, & autres moins conſiderables.

Dépendances de la Chambre du Roy.

Il y a encore pluſieurs Officiers qui ſont comme des dépendances de la Chambre du Roy, dont je n'ay pas voulu dérober la connoiſſance a Meſſieurs les Etrangers, afin qu'ils ſoient pleinement inſtruits de l'éclat & de la grandeur de la Cour de nos Roys.

Les principaux ſont vingt-quatre Gentils-hommes ordinaires de la Maiſon du Roy, qui s'en ſert pour negocier ſes affaires dans les Païs Etrangers, pour porter ſes volontez dans les Cours Souveraines, pour aller complimenter les Princes Souverains, & pour d'autres fonctions fort honnorables. Les quatre Secretaires du Cabinet: le Bibliothequaire du Cabinet des Livres pour la Perfonne du Roy : deux Lecteurs de la Chambre & Cabinet du Roy : le Garde du Cabinet des Armes, le Garde du Cabinet des Antiques, deux Vois de la Chambre du Roy, l'un pour les Champs, & l'autre pour Pie : Les Trompettes & Tambours de la Chambre : les Garde-Meubles de la Chambre du Roy, les Muficiens de la Chambre, où il y a deux Sur-Intendans, & deux Maiftres des Enfans de la Mufique, un Compofiteur & plufieurs Chantres : la grande Bande des vingt-quatre Violons, les petits Violons au nombre de vingt & un : un premier Medecin, huit Medecins fervans par quartier : un premier Chirurgien : Chirurgien ordinaire, huit Chirurgiens fervans par quartier : quatre Apotiquaires qui ont quatre Aides. Tous ces Officiers en ont d'autres fous eux, qui ne ne font pas affez confiderables pour arrefter plus long-temps Meffieurs les Etrangers dans la Chambre du Roy, d'où je les conduiray dans fes Efcuries,

Du Grand Efcuyer.

Il y a la grande & petite Efcurie, où font les Chevaux deftinez pour le fervice du Roy. Le Grand Efcuyer a foin de la grande, & commande fur tous les Officiers de ladite

Escurie, dont les principaux sont, le premier Escuyer de la grande Escurie, deux Escuyers ordinaires, deux Sous-Escuyers : cinquante quatre Pages, qui sont instruits dans toutes sortes d'Exercices : un Gouverneur des Pages, un Sous-Gouverneur, un Precepteur, un Argentier Proviseur : quarante-deux Valets de pied, huit Fourriers, dix Conducteurs des Coches, Carrosses & Chariots, huit Mareschaux de Forge, quarante Palfreniers, & quantité d'autres destinez pour le service des Officiers de la grande Escurie.

Dans les grandes Ceremonies, le Grand Escuyer marche immediatement devant le Roy, & porte l'Epée Royale de Sa Majesté dans un fourreau de velours bleu, semé de fleurs de Lys d'or, penduë au Baudrier de mesme : C'est au grand Escuyer d'ordonner de tous les fonds qui sont employez aux dépenses des Escuries du Roy, des Casaques des Mousquetaires du Roy, des Hoquetons & Casaques des Gardes du Corps, des Gardes de la Porte, des Archers du grand Prevost, & des Habits des Cent Suisses de la Garde de Sa Majesté. Tous les Chevaux de l'Escurie & Haras, & tous les Harnois & Meubles appartiennent au grand Escuyer, lors que le Roy vient à mourir.

T ij

Du Premier Efcuyer.

Le premier Efcuyer a l'Intendance de la petite Efcurie, où font les Chevaux dont le Roy fe fert ordinairement. Il a fous fa domination tous les Officiers de ladite Efcurie, dont les principaux font, vingt Efcuyers fervans par quartier, un Efcuyer ordinaire, les Pages de la petite Efcurie, un Gouverneur, un Precepteur & autres : un Maiftre d'Exercices pour les Pages, un Argentier, quatre Fourriers fervans par quartier, dix-fept Valets de pied, quatre Marefchaux de Forge, & plufieurs autres deftinez pour le fervice des Officiers de ladite Efcurie.

L'Efcuyer qui eft de jour fe doit trouver au réveil du Roy, pour recevoir fes ordres: Il porte fon Epée quand il fort du Louvre, & l'accompagne par tout, fuivant toûjours immediatement fon Carroffe, ou fon Cheval : Il donne la main au Roy, quand il a befoin d'aide en montant ou defcendant de Carroffe, ou de Cheval : Enfin c'eft une Charge fort honnorable, qui oblige ceux qui la poffedent de fe tenir toûjours aupres du Roy.

Remarquez que les Pages & Valets de pied de la grande Efcurie, ont le galon de leurs manches en bracelet ; & ceux de la

petite le portent en quille , ou de haut en
bas.

De la Garde du Roy.

La Garde du Roy eſt compoſée de pluſieurs Corps , tant de Cavalerie que d'Infanterie, dont les uns ſont dans le Louvre &
les autres au dehors. Les Gardes qui de-
meurent dans le Louvre , ſont les quatre
Compagnies des Gardes du Corps , Eſcoſſois & François, les Cent Suiſſes, les Gardes de la Porte. Ceux du dehors du Louvre, ſont la Compagnie des Gensd'armes,
la Compagnie des Chevaux Legers , les
deux Regimens des Gardes François &
Suiſſes, les deux Compagnies des Mouſque-
taires, les Cent Gentilshommes au Bec de
Corbin. Nous allons parler de tous par
ordre.

Des quatre Compagnies des Gardes du Corps.

Les Capitaines & autres Officiers des
Gardes du Corps , portent tous le Baſton
dans la Maiſon du Roy, & l'accompagnent
tout le jour, ſoit à pied, ſoit à Cheval.

De ces quatre Compagnies, la premiere
eſt celle des Eſcoſſois, dans laquelle on comprend les vingt-cinq Gentilshommes Gar-

des de la Manche, dont deux font toûjours
à cofté du Roy, quand il eft dans les Eglifes,
ou quand il mange feul : Ils font alors re-
veftus de leurs Hoquetons blancs, femez
de papillettes d'or & d'argent, tenans leurs
Pertuifannes frangées d'argent, à la lame
damafquinée. Ils ont foin de fermer les
Portes du Louvre le foir à fix heures, dont
ils portent les Clefs à l'Officier Efcoffois,
& le lendemain à la mefme heure ils les
vont querir pour les ouvrir. Dans les grandes Ceremonies il y a toûjours fix Gardes
de la Manche qui font autour du Roy, qui
l'accompagnent par tout. Dans les Entrées
que le Roy fait dans les Villes de fon obeïffance, il eft deub à chacun des deux Gardes
de la Manche qui font en quartier, une
Epée d'argent, de mefme que quand les
Evefques font le Serment de fidelité au Roy
pendant la Meffe. Ils portent devant &
derriere fur leurs Hoquetons une Maffe
d'Hercules, avec ces paroles tout autour,
Erit quoque. Hæc cognita Monftris.

Le Capitaine des Gardes qui eft en quartier, ne quitte point le Roy depuis fon lever
jufques à fon coucher, & marche toûjours
immediatement apres Sa Majefté. Il eft
logé dans le Louvre, dont il garde les Clefs
la nuit fous le chevet de fon Lit. Dans les
Audiances publiques des Ambaffadeurs, le

Capitaine des Gardes qui est en quartier les
va prendre à l'entrée de la grande Salle, &
les conduit jusques à la Chambre où est Sa
Majesté. Apres l'Audiance il les reconduit
jusques au mesme endroit.

Des Cent Suisses.

Le Capitaine Colonel des Cent Suisses
de la Garde du Corps de Sa Majesté, dans
les jours de Ceremonie, marche devant le
Roy; & le Capitaine des Gardes du Corps
François, derriere. Les Cent Suisses marchent à costé de son Carrosse, portans sur
leur teste une Toque de velours.

Les Cent Suisses joüissent des mesmes
Privileges que les François. Ils peuvent
acquerir, heriter, disposer de leurs biens par
Ventes, Testamens & Donation entre-vifs.
Eux, leurs Vefves & Enfans, sont francs de
toutes Tailles, Subsides & Impositions.

Des Gardes de la Porte.

Il y a cinquante Gardes de la Porte, qui
font garde à toutes les avenuës du Louvre,
depuis six heures du matin, jusqu'à six heures du soir qu'ils sont relevez par les Gardes
du Corps Escossois & François jusques au
lendemain à la mesme heure. Ils portent

deux Clefs en broderie fur leurs Bando-
lieres, & fur leurs Iufte-à-corps ils ont deux
galons d'argent en onde.

Ces mefmes Gardes de la Porte ont foin
de voir ceux qui ont droit d'entrer dans le
Louvre en Carroffe, comme font tous les
Princes & Princeffes, les Cardinaux, les
Ambaffadeurs, les Ducs & Pairs & Marefchaux de France; leurs Femmes ont le
mefme Privilege, & ont le Tabouret chez
la Reyne.

Des Gens-d'Armes de la Garde du Roy.

La Compagnie des Gens-d'armes de la
Garde du Roy, eft compofée de deux cens
Maiftres, qui fervent par quartier. Ils peuvent difpofer de leurs Charges, & accompagnent le Roy lors qu'il va à la Campagne.
La Devife de leur Enfeigne & Guidon, font
deux Foudres qui tombent du Ciel, avec ces
paroles, *Quo jubet iratus Iupiter.*

Des Chevaux-Legers de la Garde du Roy.

La Compagnie des Chevaux-Legers de
la Garde du Roy, eft compofée de deux cens
Maiftres, qui fervent par quartier, de mefme que les Gens-d'armes. Les places des

Chevaux Legers font remplies par des Officiers reformez, à qui le Roy les donne pour
récompenfe.

Du Regiment des Gardes.

Le Regiment des Gardes eft compofé de
trente Compagnies Françoifes , & de dix
Compagnies Suiffes, qui gardent les dehors
de la Maifon du Roy. Les Capitaines &
autres Officiers du Regiment des Gardes
François qui ont ordre de porter le Hauffe-
col, le portent doré ; mais ceux des Suiffes
le portent couvert d'argent.

Quand le Roy ou la Reyne entrent au
Louvre, ou bien qu'ils en fortent , les Gardes François & Suiffes fe mettent fous les
armes en haye, les François à droit & les
Suiffes à gauche.

Des Moufquetaires de la Garde
du Roy.

Il y a deux Compagnies de Moufquetaires à Cheval qui accompagnent le Roy
dans tous fes Voyages. Ceux de la premiere Compagnie font montez fur des
Chevaux blancs ; & ceux de la feconde fur
des noirs : Chaque Compagnie eft compofée de deux cens cinquante Hommes, dont

le Chef ou Capitaine-Lieutenant se trouve
tous les soirs aupres du Roy, pour recevoir
ses ordres.

Des Cent Gentilshommes au Bec de Corbin.

Il y a aujourd'huy deux Compagnies de
Gentilshommes au Bec de Corbin, dont
chacune est composée de cent Hommes.
Dans les grandes Ceremonies ils marchent
devant le Roy, le Bec de Corbin ou Fau-
con à la main, qui est un certain Baston
qu'ils portent. A un jour de Bataille ils
doivent se tenir aupres la personne du Roy,
pour une plus seure garde. Voila ce qui est
de la Garde du Roy. Voyons les autres
Officiers de sa Maison.

Du Grand Prevost de France.

Le Grand Prevost de France, ou Prevost
de l'Hostel, est le Iuge ordinaire de la Maison du Roy, qui juge de toutes les matieres
Civiles & Criminelles entre les Officiers du
Roy, & ceux qui ont quelque different auec
eux. Il a ses Iuges particuliers pour rendre
la justice à tous les Officiers de la Maison
du Roy, & Suite de Sa Majesté.

Quand le Roy est en Voyage, c'est le

grand Prevoſt qui met le prix au Pain, au
Vin, à l'Avoine, au foin, & autres Denrées
neceſſaires pour la vie des Hommes & des
Chevaux.

Outre ces Officiers que l'on appelle de
Robe-longue, le grand Prevoſt a une Compagnie de cent Gardes , qu'on appelle les
Gardes de la Prevoſté de l'Hoſtel, qui portent le Hoqueton d'Orfevrie, dont le fonds
eſt des couleurs du Roy, incarnat , blanc &
bleu, avec la Deviſe de Henry le Grand,
au tour d'une Maſſe d'Hercules. *Erit hæc
quoque cognita Monſtris.* Ces Gardes vont
& viennent dans la Maiſon du Roy , pour
en chaſſer les Perſonnes ſuſpectes, & recevoir ſes ordres pour faire quelques captures,
ſoit dans ou hors Paris.

Du Grand Mareſchal des Logis.

Le grand Mareſchal des Logis reçoit les
ordres du Roy pour les Logemens de la
Cour, & commande ſur douze Mareſchaux
de Logis , ſur quatre Fourriers du Corps,
qui ont ſeuls le pouvoir de poſer la Craye
dans l'Appartement du Roy, accompagnez
du Mareſchal de Logis qui eſt en quartier,
& ſur quarante Fourriers ordinaires , ſervans dix par quartier.

Apres les Mareſchaux des Logis & Fou-

riers, fuit le Capitaine des Guides , qui doit-
fe tenir à l'une des portieres du Carroſſe
du Roy, lors qu'il va en Campagne , pour
l'informer du nom des Lieux où Sa Majeſté
paſſe, lors qu'elle le fouhaite. Il a toûjours
deux Guides à Cheval, pour la conduite de
Sa Majeſté, qui marchent à la teſte des
Chevaux-Legers , & qui font veſtus des
couleurs du Roy.

Du Grand Maiſtre des Ceremonies, des Aydes, & des Introducteurs des Ambaſſadeurs.

Le Grand-Maiſtre des Ceremonies a fous
luy un Maiſtre, & un Ayde de Ceremonie,
qui exercent leurs Charges dans les folem-
nitez Royales comme au Sacre des Roys,
Bapteſmes & Mariages, Obſeques & Pom-
pes funebres des Roys , des Reynes, des
Princes , des Princeſſes , & des Ambaſſadeurs, où ils ordonnent des préſeances que
chacun doit avoir.

Lors qu'ils font envoyez du Roy vers les
Cours Souveraines, pour leur annoncer ſes
volontez, aprés les avoir faluées, le Grand
Maiſtre des Ceremonies prend place au
deſſus du dernier Conſeiller ; Mais le Maiſtre & l'Ayde des Ceremonies ſe placent

apres le dernier : Enſuite le Premier Preſi-
dent luy ayant fait ſigne, il parle aſſis &
couvert, tenant le Baſton de Ceremonie en
main, qui eſt couvert de velours noir, le
bout & le pommeau d'yvoire.

Dans les Audiances des Ambaſſadeurs, le
Maiſtre des Ceremonies avertit les Gardes
du Corps & les Cent Suiſſes ; & lors que
les Ambaſſadeurs arrivent dans la Cour du
Louvre, le Grand Maiſtre, ou le Maiſtre
des Ceremonies les reçoit, & prend la
droite, & l'Introducteur des Ambaſſadeurs
la gauche, & marchent ainſi juſques à la
Salle des Gardes du Corps, où le Capitaine
les prend pour les conduire dans la Salle des
Audiances.

Les Introducteurs des Ambaſſadeurs,
qui ſont deux, ſervans par ſemeſtre, reçoivent tous les Ambaſſadeurs, Reſidens,
Agens & Envoyez des Princes Etrangers,
& les introduiſent dans la Chambre de leurs
Majeſtez, des Enfans de France, & de tous
les Princes & Princeſſes.

Du Grand Veneur.

Le Grand Veneur a la ſur-intendance ſur
tous les Officiers de la Venerie du Roy,
dont les principaux ſont, quatre Lieutenans
de la Venerie, ſervans par quartier ; quatre

Sous-Lieutenans aussi servans par quartier;
quarante-deux Gentilshommes de la Venerie, dix à chaque quartier ; & sur tous les
Valets des Chiens, qui sont en grand nombre, & autres Officiers de la Venerie , qu'il
seroit inutile pour Messieurs les Etrangers
de specifier icy.

Quand le Roy va à la Chasse, il a aupres
de luy le Porte-Arquebuse, qui luy donne
les armes chargées. Lors qu'il est question
de courre, les Capitaines des Meuttes presentent le Baston blanc, ou la Baguette au
grand Veneur, qui la donne au Roy ; &
lors que le Cerf, ou autre Gibier est pris,
le Piqueur en coupe le pied, qu'il donne à
son Capitaine, & le Capitaine le met entre
les mains du Grand Veneur qui le presente
au Roy.

Du Grand Fauconnier.

Le Grand Fauconnier a le commandement sur tous les Vols des Oyseaux, pour
Milan, pour Heron, pour Corneille, sur un
Vol pour les Champs, sur un Vol pour Riviere, sur un Vol pour Pie, & autres : Il y
a plusieurs Officiers de la Fauconnerie ; car
chaque Vol a un Chef : Il y a un Marefchal de Logis, qui va ordinairement prendre les ordres du Roy, lors que Sa Majesté

defire aller à la Chafse : deux Fourriers, &
plufieurs autres de moindre importance,
qui dépendent tous du grand Fauconnier.

Du Grand Louvetier.

Le Grand Louvetier a la Sur-Intendance
de la Chaffe du Loup, & fur tous les Officiers qui en dépendent, dont les principaux
font un Lieutenant & un Sous-Lieutenant
de la Louveterie, qui ont fous eux les Valets, les Garçons & les Gardes des grands
Levriers de la Louvererie, & plufieurs autres perfonnes commifes à ladite Chafse
du Loup.

Voila à peu pres tout ce qui fe peut dire
des Officiers de la Maifon du Roy; pafsons
à ceux de la Couronne.

Officiers de la Couronne de France.

LE nombre des Officiers de la Couronne
de France ne font pas en fi grand nombre que ceux de la Maifon du Roy, mais ils
font tres-confiderables, & Meffieurs les
Etrangers me fçauront bon gré que je leur
en donne la connoifsance, afin qu'ils n'igno-
rent rien de ce qui fait l'éclat de la Monar-

chie Françoife. On compte entre les Officiers de la Couronne, le Conneftable &
Marefchaux de France. Les Colonels Generaux de l'Infanterie & de la Cavalerie.
Le Grand-Maiftre de l'Artillerie, le Grand
Admiral, & le General des Galeres. Dans
la Robe, il y a le Chancelier de France qui
eft Chef de tous les Confeils du Roy, dont
nous parlerons par ordre.

Du Conneftable & des Marefchaux de France.

La Charge de Conneftable fut fuppri-
mée l'an 1627. apres la mort du Duc de Lef-
diguieres, qui l'exerçoit. Le Conneftable
tient le premier rang entre les Officiers de
la Couronne : Il eft le Chef de toutes les
Armées de France, & tient rang immediatement apres les Princes du fang dans le
Parlement, & autres Affemblées publiques.
Dans les Entrées des Roys le Conneftable
marche le premier devant Sa Majefté à
main droite, tenant l'Epée nuë; & quand
l Roy tient fon Lit de Iuftice, ou les Eftats
Generaux de fon Royaume, il eft affis devant luy à main droite.

Le Conneftable n'eftoit autrefois que ce
qu'eft aujourd'huy le Grand Efcuyer, & on
l'appelloit *Comes ftabuli*; mais fon pouvoir
qui

qui s'eſt accrû peu à peu, n'eſtoit pas d'une ſi grande étenduë qu'il a eſté enſuite, principalement du temps de Mathieu de Montmorency, qui éleva cette Charge au poinct qu'elle a toûjours eſté, depuis que les Conneſtables ont eu droict de commander ſur tous les Gens de Guerre, meſme ſur les Princes du Sang, pour avoir gagné la Bataille de Bovines ſous Philippes Auguſte, contre l'Empereur Othon, & le Roy d'Angleterre, qui eſtoient liguez enſemble.

Le Conneſtable a ſa juriſdiction particuliere, qu'on nomme la Conneſtablie & Mareſchauſſée de France, qui eſt aujourd'huy entre les mains des Mareſchaux de France, qui eſtoient autrefois les Lieutenans du Conneſtable : Il y a toûjours à l'Armée un Prevoſt de la Conneſtablie, qui connoiſt de tous les excez des Gens de Guerre, & ſur les Eſpions, Traitres & Deſerteurs d'Armée.

Les Mareſchaux de France, qui eſtoient autrefois ſous le Conneſtable, ne dépendent aujourd'huy que de la Couronne, & preſtent le Serment de fidelité au Roy. Cette Charge n'eſt point hereditaire, & le Roy y éleve ceux qui ont rendu quelque ſervice conſiderable à l'Eſtat. Le plus ancien Mareſchal de France fait la Charge de Conneſtable. Quand le Roy honnore

quelqu'un de ſes Sujets de cette Dignité, il
luy met entre les mains, ou bien il luy en-
voye un Baſton d'azur, ſemé de Fleurs de
d'or, qui eſt la marque du Commandement
qu'ils ont ſur les Armées.

Dans toutes les Provinces ils ont des Prevoſts, qu'on appelle, les Prevoſts des Mareſchaux, qui ſont leurs Juges & ont juriſdiction ſur tous les Vagabons & Gens non
domiciliez, ſur les Voleurs des grands chemins, les Incendiaires, les Faux-Mon-
noyeurs & Aſſaſſins.

Anciennement il n'y en avoit que deux:
Sous Charles VII. il y en eut quatre, François I. en adjouſta un cinquiéme, Henry IV.
en crea encore trois, Louis XIII. n'en li-
mita point le nombre, & aujourd'huy le
Roy en a creé pluſieurs qui exercent glorieuſement cette Charge.

Des Colonels Generaux de l'Infanterie & Cavalerie de France.

La Charge de Colonel General de l'Infanterie a eſté ſupprimée l'an 1661. apres la
mort de feu Monſieur le Duc d'Eſpernon,
qui l'exerçoit: Il commandoit generalement ſur tous les Gens de pied, dont les
principaux Regimens ſont les deux des
Gardes François & Suiſſes qui ont leur Co-

lonel General particulier ; les six Corps qui
sont les Regimens de Picardie, de Champagne, de Piedmont, de Navarre, de Normandie & de la Marine : Les six petits
vieux Corps, qui sont ceux d'Auvergne, de
Silly, de Rambures, de Sault, d'Epagny &
d'Arbouville.

Outre ces Regimens qui sont toûjours
entretenus, soit en temps de Paix, soit en
temps de Guerre, il y en a plusieurs autres
que le Roy leve & casse selon la necessité de
ses affaires, qui portent le Nom de leurs
Mestres de Camp.

Le Roy a encore plusieurs Regimens
d'Infanterie étrangere, d'Allemans, d'Escossois, d'Irlandois, d'Italiens, de Liegeois
& autres.

Le Colonel General de la Cavalerie Legere de France, commande sur tous les
Hommes à Cheval, dont chaque Regiment
a son Mestre de Camp particulier, dont il
prend le nom. On peut diviser toute la Cavalerie Françoise, en Gens-d'Armes, Chevaux-Legers & Dragons. Les Gens-d'Armes sont en grand nombre ; car le Roy, la
Reyne, Monseigneur le Dauphin, Monsieur le Duc d'Orleans, les Princes du Sang,
& mesme quelques Mareschaux ont une
Compagnie de Gens d'Armes : Il y en a
une particuliere des Escossois, dont le com-

mandement appartient au deuxiéme Fils d'Angleterre.

Des Chevaux-Legers il y en a aussi plu-fieurs Compagnies; car le Roy, la Reyne, Monfeigneur le Dauphin, Monfieur le Duc d'Orleans & les Princes du Sang en ont chacun une, & outre cela il y a plufieurs Particuliers à qui le Roy accorde cette grace.

Pour des Dragons, il n'y en a que deux Regimens, celuy du Roy, & celuy de Monfieur le Marefchal de la Ferté Senecterre. Il y a encore deux Compagnies de Carabins qui font à Cheval, outre les deux Compagnies de Moufquetaires dont nous avons parlé. Quittons les Moufquets, les Carabines & les Piftolets, pour entrer dans l'Arcenal, & y voir ces Inftrumens de Guerre, qui font fi grand bruit, & dont les Souverains fe fervent pour fe faire juftice à eux mefmes.

Du Grand Maiftre de l'Artillerie de France.

Avant l'Invention de la Poudre, il y avoit en France le Grand-Maiftre des Arbaleftriers & Cranequiniers, qui avoit l'Intendance de toutes les Machines de Guerre pour enfoncer les Murailles & les Portes

des Villes : Enfuite il y eut un Capitaine
General des Poudres & de l'Artillerie,
mais Henry le Grand érigea cette Charge
en Office de la Couronne, l'an 1610. fous
le Titre de Grand Maiftre, en faveur du
Duc de Sully fon Favory.

Le Grand Maiftre de l'Artillerie de
France, a la Sur-Intendance fus les Poudres & Salpeftres, & fur tous les Officiers
de l'Artillerie, comme font les Canonniers,
les Pionniers, les Charrons, les Cordiers,
& autres de moindre importance. Il a fes
Lieutenans dans les Armées, & c'eft luy
qui fait faire les Travaux aux Sieges des
Villes, & fait faire les Poudres, fondre
l'Artillerie, & a le foin des Tentes & Pavillons de l'Armée. Sa Jurifdiction qui eft à
l'Arfenal de Paris, s'étend fur tous les Ar-
cenaux de France. C'eft affez avoir efté fur
Terre, allons nous un peu promener fur
la Mer.

Du Grand Admiral de France, & du General des Galeres.

Il y avoit autrefois plufieurs Admiraux
de France, qui avoient leurs Jurifdictions
feparées & indépentantes les unes des autres ; car la Normandie, la Bretagne, la
Guyenne & la Provence, avoient leurs

Admiraux particuliers. Aujourd'huy il n'y
en a qu'un qui commande ſur les Armées
Navales, de meſme que le Conneſtable ſur
celles de terre : Il eſt appellé Grand Maiſtre
des Mers, Chef & Sur-Intendant General
du Commerce & Navigation de France, qui
connoiſt de tous les diferens des Gens de
Marine, & a ſa juriſdiction à la Table de
Marbre du Palais. Il a ſous luy pluſieurs
autres Officiers, comme le Vice-Admiral,
deux Lieutenans Generaux des Armées Navales, quatre Chefs d'Eſcadre, deux Intendans de la Marine, un Secretaire General
de la Marine, les Controlleurs de la Marine,
& pluſieurs autres de moindre importance.

Le General des Galeres commande ſur la
Mer Mediterrannée, où eſt aſſiſe Marſeille,
qui eſt le Port, dans lequel les Galeres de
France ſont entretenuës. Il a la Sur-Intendance non ſeulement des Galeres, mais encore des Galiotes, des Fregates, des Euſtes
& des Brigantins qui ſont ſur la Mer du
Levant.

Il y a long-temps que nous ſommes parmy les Gens de Guerre, quittons l'Épée
pour prendre la Robe, & entrer dans les
Conſeils du Roy.

Du Chancelier de France, & des Conseils du Roy.

LE Chancelier de France est Chef de la
Iustice, & de tous les Conseils du Roy,
ce qui nous donnera lieu d'en parler. Dans
les Seances du Roy au Parlement, il est assis
devant Sa Majesté à sa main gauche, & le
Connestable à la droite, comme nous avons
dit; mais c'est luy qui expose les volontez
du Roy, revestu d'une Robe de velours
noir, doublée de panne cramoisine, le Mortier en teste comblé d'or, & orné de pierres
précieuses. Il est Dépositaire des Sceaux
de France, dont il scelle les Dons & Graces
accordées par Sa Majesté, & les Arrests
rendus dans les Conseils du Roy, qui sont
le Conseil d'Enhaut, le Conseil d'Estat, le
Conseil des Finances, & le Conseil Privé
des Parties. Autrefois le Chancelier estoit
appellé Grand Referendaire, & Garde de
l'Anneau & Scel Royal. Quand le Chancelier est absent ou disgracié, le Roy com-
met la Garde des Sceaux de France à qui
bon luy semble, qui a la mesme authorité,
& est appellé Garde des Sceaux; mais ce

n'eſt qu'une Commiſſion que Sa Majeſté revoque ſelon ſon bon plaiſir, au lieu que le Chancelier ne perd ſa Charge qu'avec la vie.

Du Conſeil d'Enhaut.

Le Conſeil d'Enhaut, où les plus importantes Affaires du Royaume ſe décident, eſt compoſé de telles Perſonnes qu'il plaiſt au Roy, & perſonne n'y entre que ceux qu'il luy plaiſt d'y admettre, pour recevoir leurs Avis. Le Chancelier en eſt toûjours le Chef; & les Princes du Sang & Secretaires d'Eſtat, ou des Commandemens du Roy, qui ſont quatre en nombre, y ont ordinairement ſeance.

Du Conſeil d'Eſtat.

Le Conſeil d'Eſtat eſt compoſé du Chancelier, des quatre Secretaires d'Eſtat, & de pluſieurs Conſeillers d'Eſtat qui ſervent par Semeſtre. Ces Conſeillers d'Eſtat ſont des Officiers qui ont ſervy long-temps, ou dans les Parlemens, ou dans le Grand Conſeil, ou dans le Corps des Maiſtres des Requeſtes, ou dans les Negotiations vers les Princes & Eſtats Etrangers. Les Secretaires d'Eſtat font le Rapport dans ce Conſeil, des Affaires des Provinces & autres, dont il faut font faire en suite les Expeditions necessaires.

Du Conseil des Finances.

Outre le Chancelier, Sur-Intendant, dont la Commission a esté supprimée, les Directeurs, le Controlleur General, & les Intendans des Finances, le Roy admet dans ce Conseil ceux qu'il luy plaist, qui sont ordinairement des Conseillers d'Estat experimentez dans toutes les Affaires qui regardent les Finances du Royaume : On y traite de la Recepte generale des Fermes, Bois, Domaines, & autres Deniers de toute sorte de nature : Il y a encore dans ce Conseil deux Secretaires ; & au lieu des trois Tresoriers de l'Epargne qu'il y avoit, le Roy a étably un Garde du Tresor Royal qui en fait la fonction.

Du Conseil Privé des Parties.

Ce Conseil se tient le Mardy & le Vendredy, pour décider les Diferends qui naissent entre des Particuliers, pour Récusation de Juges, ou pour des Affaires de Ville à Ville, que ledit Conseil a évoqué à soy. Il est composé du Chancelier, des Conseillers d'Estat, & des Maistres des Requestes qui servent par quartier, & font le Rapport de

X

routes les Affaires. Tous les Maiftres des Requeftes enfemble qui fervent au Confeil des Parties, n'ont qu'une voix ; mais chaque Confeiller d'Eftat a la fienne particuliere, & le Chancelier en a deux. Il y a encore dans ce Confeil des Greffiers & Advocats pour les Affaires qui s'y traittent.

Les Maiftres des Requeftes qui n'eftoient autrefois que deux, & en fuite quatre, pour recevoir à la porte de la Maifon du Roy, les Requeftes & les Supplications que l'on luy prefentoit, fe font fort augmentez en nombre. La Charge en eft belle & fort honnorable, en ce qu'ils font du Corps de la Chancellerie, & font envoyez dans les Provinces pour prendre garde à ce que la Juftice y foit bien exercée, fous le nom d'Intendans de Juftice : Ils ont de grands Privileges dans les Provinces, & ont feance dans les Parlemens, immediatement apres le Doyen. Quand ils arrivent dans une Ville où il y a Parlement, ou autre Juftice fubalterne, on leur porte les Sceaux.

Des Officiers de la Chancellerie.

Le Chancelier n'eft pas feulement Chef des Confeils du Roy ; mais auffi le Chef de la Chancellerie, où il y a quantité d'Officiers, dont les principaux font les quatre

Grands Audianciers qui examinent les Lettres à fceller, quatre Controlleurs Generaux de l'Audiance de la Chancellerie de France, qui prennent garde qu'il ne foit mis devant le Chauffecire aucunes Lettres que celles qui ont efté accordées par le Chancelier; quatre Gardes des Rolles des Offices de France, qui ont les Regiftres de tous les Offices du Royaume, & reçoivent les oppofitions au Sceau pour l'expedition defdites Offices : Il y a encore plufieurs Secretaires, Greffiers, Chauffecires, Huiffiers & autres Officiers de moindre importance.

Voila ce qu'il y a de plus remarquable à confiderer pour tout ce qui regarde les Officiers de la Maifon du Roy & Couronne de France. Je n'ay pas voulu borner icy mon Ouvrage, & j'ay crû qu'il eftoit plus à propos de le finir par une briefve Defcription du Royaume, que je fais fuivre.

Table Chorographique du Royaume de France.

APres avoir fait voir aux Etrangers tout ce qu'il y a de confiderable dans toutes les Villes de leur route, j'ay crû qu'ils ne fe

sentiroient pas desobligez que je les pro-
menasse dans le Royaume de France, & que
je leur donnasse une exacte Description des
Provinces qui la composent.

Avant de passer plus outre, il ne sera pas
hors de propos d'avertir Messieurs les
Etrangers, que du temps des Romains, la
France qu'ils nommoient Gaule, se divisoit
en Cisalpine & Transalpine : La Cisalpine,
qu'ils appelloient Togate, comprenoit les
Païs que les Gaulois occupoient dans l'I-
talie ; Sçavoir, la Lombardie, aujourd'huy
Duché de Milan, le Piedmont, la Suisse &
le Païs des Grisons : La Transalpine comprenoit tout ce qui est au deça des Alpes,
qui à leur égard est au delà.

La Gaule Transalpine se divisoit en Bracquate & Comate ; La Bracquate ou Narbonnoise, ainsi appellée d'une certaine façon d'habits que ses Peuples portoient,
comprenoit la Provence, le Languedoc, le
Dauphiné & la Savoye : La Comate ou
Cheveluë, ainsi dite des longs cheveux que
ses Peuples portoient, se divisoit en Celtique, Belgique & Aquitaine : La Gaule
Celtique ou Lyonoise, comprenoit tous les
Païs qui sont entre la Riviere de Garonne,
les Alpes, & la Mer Oceane. La Gaule
Belgique comprenoit tous les Païs qui sont
entre les Rivieres de Seine, de l'Escaut &

du Rhin. Les Romains la divisoient en
quatre Parties ; sçavoir en Germanie premiere, Germanie deuxiéme ; Belgique premiere, & Belgique seconde.

La Germanie premiere, ou haute Germanie, comprenoit les Villes de Spire, de
Vuormes, de Strasbourg, de Basle, &
quelques autres és environs du Rhin, dont
la Capitale estoit Mayence.

La Germanie deuxiéme, ou Basse Germanie, s'étendoit sur les Pays des Tongres,
du Brabant, de Flandres, de Hollande, &
autres Provinces voisines de la Mer, dont la
Ville Capitale estoit Cologne.

La Belgique premiere s'étendoit sur le
Païs Messin, qui comprend les Villes de
Toul, Mets & Verdun, & sur les autres
circonvoisines, dont la Ville Metropolitaine estoit Tréves.

La Belgique seconde comprenoit les
Villes de Soissons, de Chalons sur Marne,
de Cambray, d'Arras, de Theroüenne, de
Boulogne, d'Amiens, de Beauvais, de
Noyon, de Senlis, & autres és environs
jusques aux Rivieres de Seine, & de Marne,
qui avoient pour leur Capitale Rheims.
Aujourd'huy le Pays des Belges comprend
seulement la Hollande, la Zelande, la
Flandre, la Gueldre, le Pays de Cleves, &
autres Provinces du Pays-Bas, qui ne font

qu'environ la moitié de l'ancienne Gaule Belgique.

L'Aquitaine, aujourd'huy Guyenne, a esté en divers temps, de diverse étenduë. Lors que Cesar faisoit la Guerre dans les Gaules, elle s'étendoit seulement depuis la Riviere de Garonne, jusques aux Pyrenées. Octave-Auguste, son Successeur à l'Empire, l'agrandit de tout le Pays qui est entre les Rivieres de Garonne & de Loire.

Il y en a qui divisent la France en Diocéses ou Archevefchez, & les autres en Parlemens. Quelques-uns la divisent en Generalitez & les autres en Gouvernemens; Mais la division la plus claire & la plus nette qui s'en peut faire, est en Provinces, dans lesquelles les Archevefchez, les Evefchez & les Generalitez se trouvent. Pour les Gouvernemens, presque toutes les Provinces ont leurs Gouverneurs particuliers; & s'il y en a plusieurs dépendantes d'un seul, cela s'apprend par l'usage, c'est pourquoy je m'arresteray à la division de la France en les Provinces, Villes & Rivieres principales.

Description des Provinces, Villes & Rivieres de France.

PROVINCES.	VILLES.
1. L'ISLE DE FRANCE.	Paris, Soiſſons, Compiegne, Senlis, Beauvais, Fontainebleau, Melun, Moret, Poiſſy, Meulan, S. Germain, Pontoiſe.
2. LA BEAUSSE, Sous laquelle on comprend	Chartres, Orleans, Eſtampes, Chaſteau-Dun, Vendoſme, Blois, Dreux, Beaugency
LE GASTINOIS.	Montargis, Pluviers, Nemours, Gien, Briare, Loris.
3. LE PERCHE, Comté.	Nogent le Rotrou, Beleſme, Mortagne, la Perriere, Montmirail.

PROVINCES.	VILLES.
4. **LE MAINE,** Duché.	Le Mans , la Ferté - Bernard, Sablé , Laval, Mayenne , Beaumont.
5. **L'ANJOU,** Duché.	Angers, Brissac, Saumur, Baugé, la Fléche , le Lude, Chasteau Gontier.
6. **LA BRETAGNE,** Duché.	Rennes, Nantes, S. Malo, Dol, Leon, Vannes, S. Brieu, Cornüaille, Triguier , Quimpercorentin, Morlais, Brest, Rohan, Dinan.
7. **LA NORMANDIE.** Duché.	Roüen, Avranches, Caën, Constances , Bayeux, Lizieux , Sées, Evreux , Dieppe, Alençon.

PROVINCES.	VILLES.
8. **LA PICARDIE.**	Amiens, Calais, Boulogne, Abbeville, Crecy, Corbie, S. Quentin, Peronne, Laon, Noyon, Ham, Roye, Montdidier.
9. **LA CHAMPAGNE,** Comté, Sous laquelle on comprend,	Rheims, Troyes, Langres, Chaumont en Bassigny, Joinville, Vitry dit le François, Chalons sur Marne, Rhetel, Pont-à-Mousson, Mezieres, Charleville Rocroy.
LA BRIE.	Meaux, Brie-contre-Robert, Lagny.
10. **LA BOURGOGNE,** Duché.	Dijon, Auxerre, Mascon, Chalons sur Saone, Beaune, Authun, Auxonne, Charroles, Beaujeu.

PROVINCES.	VILLES.
Sous laquelle on comprend, l'Archevesc. de SENS,	Sens , Joigny, Montereau - faut-Yonne, Tonnerre, Chably.
LA BRESSE,	Bourg en Bresse, Belley , Gex, Dombes, Mirevel.
& LE NIVERNOIS, Duché.	Nevers, la Charité, Donzy, Pougues.
11. LE LYONNOIS, Comté,	Lyon , Coindrieu, S. Anduel, S. Genis, Laval.
Sous lequel on comprend, Le Païs de FOREST.	S. Estienne de Furens, Roanne, Feurs.
12. LE DAUPHINE'.	Grenoble, Vienne, Valance, Ambrun, Die, Briançon, S. Pol trois Chasteaux, Gap.
	Aix, Arles, Marseille, Toulon,

PROVINCES.	VILLES.
13. **LA PROVENCE,** Comté, Sous laquelle on com- prend,	Riez, Senez, Glan- déve, Digne, Fre- jus, Cisteron, Apt, Tarascon, Grace, Vence.
Le Comté de **VENISSY.**	Avignon, Car- pentras, Vaison, Cavaillon.
Et la Principauté **D'ORENGE.**	Orenge.
14. **LE LANGUEDOC,** Comté, Sous lequel on com- prend, Le Comté de	Toulouse, Nar- bonne, Alby, Car- cassonne, Castres, Beziers, Pezenas, Agde, Montpel- lier, Nismes, Castelnaudary, Viviers, Mende, Usez, Lavaur, Lo- deve, S. Pons de Thomiers, Aleth, Rieux, S. Papoul, Beaucaire.
ROUSILLON,	Perpignan, Leu- cate, Salces, Elnes, Coliouvre.

PROVINCES.	VILLES.
Et le Comté de FOIX.	Foix, Pamiers, Mirepoix.
15. LA GUYENNE, Duché, Sous laquelle on comprend,	Bourdeaux, Libourne, S. Emilion, Blaye, Cadillac, Langon, S. Machaire, Marmande, Aiguillon, Agen, Bazas, Mont de Marsan, Acqs, S. Sever.
LA GASCOGNE, ou Comté D'ARMAGNAC,	Auch, Eufe, Nogaro, Condom, Lectoure, Gimont, Mirande, Nerac.
LA BIGORRE,	Tarbes, Bagneres, Campan.
Et le Comté DE COMMINGES.	S. Bertrand, Lombez, Couferans, S. Leger, Cazeres.
16. LE BEARN, Principauté,	Pau, Lefcar, Oleron, Navarreins, Ortez, Salus.

PROVINCES.	VILLES.
Sous lequel on comprend, LaBaſſe NAVARRE,	S. Jean pied de Porc, S. Palais, Mauleon.
Et la BISCAYE, ou Pays des BASQUES.	Bayonne, S. Jean de Luz, Sibourre, Gramont, Bidache, Guiche.
17. LE PERIGORD.	Perigueux, Sarlat, Bergerac, Riberac, la Force, Bourdeilles.
18. L'ANGOULMOIS, Duché.	Angoulefme, Rufec, la Rochefoucault, Jarnac, Cognac.
19. LA XAINTONGE,	Xaintes, S. Jean d'Angely, Broüage, Marennes, Royan, Mortagne Aubeterre.
Sous laquelle on comprend. Le Pays d'AULNIX.	LaRochelle, Maran, Rochefort.
Et les Iſles de RE' & d'OLERON.	S. Martin de Ré, Oleron.

PROVINCES.	VILLES.
20. **LE POITOU,** Comté.	Poitiers, Luſignan, Chaſteleraut, Niort, Saint Maixant, Luçon, Lodun, Thoüars, Maillezais, la Trimoüille, Richelieu.
21. **LA TOURAINE,** Duché.	Tours, Amboiſe, Loches, Montbazon, Chinon, Chenonceaux.
22. **LE BERRY,** Duché, Sous lequel on comprend,	Bourges, Iſsodun, Sancerre, Aubigny, Vatan, S. Agnan.
LA SOLOGNE.	Romorantin, S. Diez, Clery, S. Laurens des Eaux, Chambort, Gergeau.
23. **LE BOURBONOIS** Duché.	Moulins, Bourbon-l'Archambault, Bourbon-Lancy, Montluçon.

PROVINCES.	VILLES.
24. L'AUVERGNE, Comté, Sous lequel on com- prend,	Clermont, Saint Flour, Iſsoire, Rion, Aurillac, Murat.
LE VELLAY.	Le Puy, Sdignac, Polignac, S. Didier.
25. LE LIMOSIN, Vicomté, Sous laquelle on com- prend,	Limoges, Tulles, Brive-la-Gaillarde, Turenne, Ventadour, Pompadour, Uzerche.
LA MARCHE.	Gueret, Glenic, le Dorat, Belac.
26. QUERCY.	Cahors, Montauban, Gourdon, Figeac, Soüillac, Martel.
27. ROVERGUE.	Rhodez, Vabres, Ville-Franche, Ville-Neuve, Saint Antonin, Arpajou.

Defcription des Rivieres de France.

LA France eft arrofée de quantité de Rivieres qui font fa fecondité dans toutes
les chofes neceffaires à la vie de l'Homme.
On en compte cinq principales, qui s'en-
flent des eaux que les particulieres qui foi-
fonnent dans le Royaume, verfent dans leur
fein. Ce font la Seine, la Loire, la Garonne, le Rhofne & la Saone, dont nous
allons parler.

1. La Seine.

La Seine prend fon origine dans la Duché de Bourgogne, proche un Village appellé S. Seine, à quelques lieuës de Dijon.
Apres avoir couru quelque temps dans cette
Province, elle entre dans la Champagne &
y arrofe la Ville de Troyes, avec plufieurs
autres de moindre confideration: En fuite
elle va paffer par l'Ifle de France, où elle
lave de fes eaux, Melun, Corbeil, Paris,
S. Germain, Poiffy, Meulan & Mante. Au
fortir de l'Ifle de France, elle entre dans la
Normandie & paffe par les Villes du Pont
de l'Arche, de Roüen, de Quillebeuf, de
Honfleur & du Havre de Grace, où elle fe
décharge

décharge dans l'Ocean Britannique, ou Mer
d'Angleterre.

2. *La Loire.*

La Loire prend fa naiffance des Montagnes qui feparent le Vivarez en Languedoc,
& le Pays de Vellay en Auvergne. D'a-
bord elle entre dans le Pays de Foreft, qui
eft une dépendance du Lyonnois, & paffe
par Roüanne, où elle commence à porter
Batteau, en fuite elle paffe par le Bourbonnois, où elle arrofe Bourbon-Lancy, & par
le Nivernois, où elle lave de fes eaux Nevers & la Charité : Au fortir du Nivernois
elle fepare la Beauce d'avec le Berry & la
Sologne, & fe va rendre à Orleans & à
Blois, Villes de la Beauce : Apres elle entre
dans la Touraine, & paffe par Amboife &
Tours, puis elle va vifiter l'Anjou, & arrofe
de fes eaux Saumur ; Enfin elle va paffer
par la Bretagne, où elle lave de fes eaux
Nantes, au deffous de laquelle elle les va
jetter dans l'Ocean.

3. *La Garonne.*

La Garonne vient des Monts Pyrenée
aux confins du Comté de Cominges, où il
paffe par S. Bertrand & Cazeres : Enfi-
Y

elle entre dans le Languedoc, & apres avoir
arrosé Toulouse, Verdun & Castel-Sarrasin,
elle va passer par la Guyenne, & lave de ses
eaux Agen, le Port Sainte Marie, Tonneins,
Marmande, la Reole, S. Machaire, Langon,
Cadillac & Bordeaux, au dessous de laquelle
la Dordogne se joint proche Bourg avec la
Garonne, qui perd son Nom en cet endroit
pour prendre celuy de Gironde, & sous ce
nom elle porte ses eaux dans l'Ocean,
apres avoir passé par Blaye Ville du Bourde-
lbis, par Cognac, Mortagne & Royan Villes
de la Xaintonge.

4. Le Rhosne.

Le Rhosne naist dans le Pays des Grisons, lequel apres avoir passé par le milieu
du Lac de Geneve va se rendre à Lyon : Ensuite il entre dans le Dauphiné, & arrose de
ses eaux les Villes de Vienne, de Valence &
autres de moindre consideration dans cette
Province. Au sortir du Dauphiné elle se-
pare dans son cours le Languedoc de la Provence, où elle lave de ses eaux les Villes
d'Avignon, de Tarascon, au dessous de laquelle il se va jetter par plusieurs branches
la Mer Mediterrannée.

5. *La Saone.*

La Saone vient des Montagnes qui separent la Lorraine d'avec la Franche-Comté, où elle arrose plusieurs Villes : En suite elle entre dans la Duché de Bourgogne, & se va joindre à Lyon au Rhosne, apres avoir baisé de ses eaux les Villes d'Auxonne, de Bellegarde, de Verdun, de Chalons & de Mascon dans la Bourgogne.

Voila les cinq principales Rivieres de France : Il y en a plusieurs autres moins considerables dont je ne parle pas : On pourra consulter la Carte du Païs, pour en avoir la connoissance, & il n'est pas besoin d'avoir un Guide pour cela.

De mesme en décrivant les Provinces de France, je n'ay pas crû estre necessaire de parler de quelques Pays particuliers qui s'y trouvent enclavez, & qui sont marquez sur la Carte, le jugement de chaque particulier leur peut faire faire cette distinction d'eux-mesmes : Comme dans la Normandie, il y a les Païs de Caux, le Bessin, le Constantin & autres. Dans la Picardie, il y a le Comté de Ponthieu, la Terre ou Comté d'Oye, le Vermandois, la Tirasche & autres. Dans le Languedoc, il y a l'Albigeois, le Gevaudan ou les Cevenes, le Vi-

varez & autres. Dans la Guyenne, il y a le
Bourdelois, qui comprend les Pays de Me-
doc, d'Entre-deux-Mers, de Graves, & les
Landes : Le Bazadois, le Condommois,
l'Agenois, la Duché d'Albret, le Comté
d'Esterac, le Marsan, la Chalosse & autres.
Il en est de mesme de plusieurs autres Provinces.

Des Villes où on bat la Monnoye.

IL ne sera pas hors de propos d'avertir les
Etrangers qui ne sçavent pas pourquoy
nostre Monnoye est marquée de differentes
Lettres, qu'il y a quelques Villes en France
destinées à la fabrique des Monnoyes ; &
afin que l'on puisse connoistre en quel endroit elles ont esté battuës, on les marque
d'une Lettre de l'Alphabet. Voicy le Cata-
logue de toutes celles qui ont droit d'en
faire battre, avec leurs marques particulieres.

A. Paris, dans l'Isle de France.
B. Roüen, en Normandie.
C. S.Lo, en Bretagne.
D. Lyon.
E. Tours, en Touraine.

F. Angers, en Anjou.
G. Poitiers, en Poitou.
H. La Rochelle, dans le Païs d'Aulnix.
I. Limoges, dans le Limosin.
K. Bordeaux, en Guyenne.
L. Bayonne, sur les confins du Bearn &
des Landes de Bordeaux.
M. Toulouse, en Languedoc.
N. Montpellier, en Languedoc.
O. Rion, en Auvergne.
P. Dijon, en Bourgogne.
Q. Narbonne, en Languedoc.
R. Villeneufve, dans le Comté de Ve-
nissy, en Provence.
S. Troyes, en Champagne.
T. Nantes, en Bretagne.
V. Amiens, en Picardie.
X. Aix, en Provence.
Y. Bourges, en Berry.
Z. Grenoble, en Dauphiné.
&. Rennes, en Bretagne.

Remarquez que dans tout le Royaume
de France, il n'y a qu'une Cour des Monnoyes, residante à Paris : Autrefois elle
estoit unie à la Chambre des Comptes, dont
elle a esté démembrée. Henry II. l'érigea
en Cour Souveraine, & elle suit immediatement la Cour des Aydes dans les Ceremonies publiques. Cette Cour a esté éta-

blie pour veiller à la fabrication des Monnoyes, & pour connoiſtre des delits, abus & malverſations commiſes par les Maiſtres de la Monnoye, ſoit d'or, ſoit d'argent. Elle connoiſt auſſi des Crimes de fabrication & expoſition de fauſſe Monnoye, & des contraventions aux Ordonnances concernant les Monnoyes : De plus elle a droit de verifier les Edits & Declarations qui regardent les fabrications & changemens des Monnoyes ; elle a encore la connoiſſance des Poids & de toutes les conteſtations qui ſurviennent ſur le ſujet deſdites Monnoyes.

FIN.

Table contenant les Noms de toutes les Villes décrites dans cet Ouvrage.

Fin de la Table.

www.ingramcontent.com/pod-product-compliance
Ingram Content Group UK Ltd.
Pitfield, Milton Keynes, MK11 3LW, UK
UKHW020132130726
13696UKWH00001B/316